POCAŁUJ *tę* ŻABĘ!

Brian Tracy

autor międzynarodowego bestsellera *Zjedz tę żabę!*

Christina Tracy Stein

POCAŁUJ *tę* ŻABĘ!

przekład Marian J. Waszkiewicz

mt biznes

WAMEX

Tytuł oryginału:
KISS THAT FROG!
12 Great Ways to Turn Negatives into Positives in Your Life and Work

Original English language edition published by **Berrett-Koehler Publishers**, 235 Montgomery Street, Suite 650, San Francisco, CA 94104-2916, U.S.A

Przekład: Marian J. Waszkiewicz
Redakcja: Anna Mieszczanek
Korekta: Jolanta Ogonowska, Maciej Malinowski

Projekt okładki: Studio KARANDASZ

Skład: Elżbieta D. Borkowska, Usługi DTP i komputerowe

Wydane w kooperacji Wamex z MT Biznes sp. z o. o., Warszawa, Polska.

Wydanie w nowej szacie graficznej
Warszawa 2017

WAMEX
ul. Krasińskiego 7
60-830 Poznań
e-mail: wamex-pl@neostrada.pl
www.wamex.se

MT BIZNES sp. z o.o.
ul. Jurzenki 118, 02-230 Warszawa
tel./faks (22) 632 64 20
www.mtbiznes.pl
e-mail: info@mtbiznes.pl

ISBN 978-83-8087-249-3

Mojej żonie, Barbarze, światłu mojego życia, i moim cudownym dzieciom – Christinie, Michaelowi, Dawidowi i Catherinie – które są wspaniałymi dorosłymi o wysokim poczuciu własnej wartości i pewności siebie, a takimi stają się ludzie wtedy, gdy otrzymują nieprzerwany strumień bezwarunkowej miłości.

Brian Tracy

Mojemu Mężowi, Damonowi, który wspiera mnie swoją bezwarunkową miłością i pomocą, a także trójce moich dzieci – Julii, Willowi i Scarlett – które zamieniają każdy dzień w przygodę pełną nauki, śmiechu i miłości.

Christina Tracy Stein

Spis treści

Wprowadzenie

ŻABA I KSIĘŻNICZKA

Jesteś na ziemi po to, by zrobić ze swoim życiem coś wspaniałego – doświadczyć szczęścia i radości, nawiązać wiele wspaniałych relacji z innymi ludźmi, cieszyć się zdrowiem, dobrobytem i całkowitym spełnieniem marzeń. Dlaczego więc nie żyjesz zgodnie ze swoimi marzeniami?

Jeśli chcesz poznać przyczyny swego szczęścia lub jego braku, sukcesu albo niepowodzeń, wygranych i przegranych, nie musisz odchodzić daleko; wystarczy podejść do najbliższego lustra. To, co myślisz o osobie, którą zobaczysz w lustrze, w dużym stopniu determinuje jakość twojego życia. Jeśli zmienisz myślenie na swój temat, prawie natychmiast zmienisz całe swoje życie.

Nic nie jest złem ani dobrem samo przez się,
tylko myśl nasza czyni to i owo takim.

WILLIAM SHAKESPEARE

Bajka

Wszyscy znamy tę bajkę. Dawno, dawno temu złośliwa czarownica zamieniła przystojnego Księcia w brzydką Żabę. Klątwa mogła zostać złamana tylko wtedy, gdyby Żabę pocałowała prawdziwa Księżniczka. Czarownica była pewna, że coś takiego nigdy się nie wydarzy.

Dawno, dawno temu, w tych samych okolicach i w tym samym czasie, była sobie piękna Księżniczka. Marzyła o przystojnym Księciu, który zechciałby ją poślubić, nikt taki nie pojawiał się jednak w jej życiu. Pewnego poranka przechadzała się po lesie i gdy doszła aż do jeziora, zobaczyła w zaroślach brzydką Żabę. Księżniczka usiadła na kamieniu nad jeziorem, rozmyślając o swoim życiu i o tęsknocie za pięknym Księciem, który wciąż się nie zjawiał. Nagle podskoczyła do niej Żaba. Powiedziała Księżniczce, że w rzeczywistości jest przystojnym Księciem, którego zła czarownica zamieniła w Żabę i jeśli tylko Księżniczka ją pocałuje, to zamieni się z powrotem w Księcia, poślubi ją i będą żyli szczęśliwie do końca swoich dni.

Opowieść i pomysł pocałowania Żaby wydał się Księżniczce absurdalny, jednak – choć z dużą dozą niechęci – postanowiła zaryzykować, zebrała się na odwagę i pocałowała Żabę prosto w pyszczek. Zgodnie z zapowiedzią, Żaba zamieniła się natychmiast w przystojnego Księcia. Książę dotrzymał słowa, ożenił się z nią i żyli potem szczęśliwie przez wiele, wiele lat.

Morał tej bajki

Wydaje się, że prawie każdy ma przynajmniej jedną, lub nawet kilka blokad, które utrudniają mu osiągnięcie pełni szczęścia, zdrowia, radości w życiu i nie pozwalają czekać na każdy nowy dzień z optymizmem i entuzjazmem.

Kim jest „Żaba twojego życia", którą powinnaś czy powinieneś „pocałować", żeby osiągnąć wszystko to, co tak naprawdę leży w granicach twoich możliwości? I z jakimi negatywnymi doświadczeniami swojego życia musisz się zmierzyć, jakim wspomnieniom musisz stawić czoła, aby wykorzystując je, zmienić się w człowieka sukcesu?

Czego wszyscy chcemy

Ważnym celem ludzkiego życia jest osiąganie szczęścia i spokoju ducha. Każdy normalny człowiek chce cieszyć się i doświadczać pozytywnych emocji, takich jak miłość, przyjemność, satysfakcja i uczucie samorealizacji w życiu.

Prawdopodobnie jednym z najważniejszych odkryć psychologii zajmującej się zagadnieniami samorealizacji było to, że największą przeszkodą, jaka znajduje się między tobą a tym wspaniałym życiem, o którym marzysz, jest negatywne podejście do siebie i innych. Dopiero gdy nauczysz się „całować wszystkie te „Żaby", ciągle próbując znaleźć pozytywne elementy w każdej napotkanej osobie i w każdym zdarzeniu, doświadczysz swojego pełnego potencjału ukierunkowanego na sukces.

Zanim powstała ta książka, Brian wygłosił i poprowadził pięć tysięcy przemówień i seminariów dla ponadpięciomilionowej publiczności w pięćdziesięciu ośmiu krajach*. Christina zaś przepracowała wiele tysięcy godzin jako konsultant

* Brian Tracy, z myślą o ludziach biznesu, napisał także książkę *Zjedz tę żabę*, polskie wydanie MT Biznes i Wamex, Warszawa 2010.

i psycholog. Przekazujemy ci w tej książce szereg prostych, ale bardzo skutecznych metod i technik, które możesz natychmiast zastosować, aby zmienić negatywny sposób myślenia na pozytywny i zamienić każdy problem w twoim życiu w pożyteczne wydarzenie. Nauczysz się z niej, jak nabrać pewności siebie i uwolnić swój potencjał, który pozwoli ci na życie pełne sukcesów i radości.

Te metody i strategie pomogły już milionom ludzi na całym świecie, pomogą więc także tobie. A zatem zaczynamy!

Rozdział 1

SIEDEM PRAWD O TOBIE

Naturalny stan każdego zdrowego człowieka charakteryzuje się uczuciem szczęścia, spokoju, radości i pozytywnego napięcia wynikającego z faktu, że się żyje. W tym naturalnym stanie budzisz się każdego dnia gotowy do działania. Myślisz pozytywnie zarówno o sobie, jak i o ludziach z twojego otoczenia. Cieszysz się ze swojej pracy i daje ci ona wiele satysfakcji; czujesz, że dzięki niej robisz w życiu coś pozytywnego. Warto – i to może być twoim zasadniczym celem – tak zorganizować życie, aby odczuwać ten stan jak najczęściej.

Będąc dojrzałym, sprawnym człowiekiem, możesz każdego dnia wykonywać rzeczy, które wspomagają wykorzystanie twojego pełnego potencjału. Możesz doceniać wszystkie szczęśliwe wydarzenia w twoim życiu. Jeśli jesteś nieszczęśliwy lub niezadowolony z jakiejś jego sfery, oznacza to, że w twoich myślach, uczuciach lub działaniach brakuje czegoś ważnego i potrzebna ci korekta. Punktem wyjścia do osiągnięcia pełnego potencjału jest uświadomienie sobie, że w głębi siebie już teraz jesteś Księżniczką lub Księciem.

Ludzie są zazwyczaj na tyle szczęśliwi,
na ile sami sobie pozwolą.*

ABRAHAM LINCOLN

Niezależnie od tego, na jakim etapie jesteś dzisiaj, niezależnie od tego, co zrobiłeś albo czego nie zrobiłeś w przeszłości, potrzebujesz zaakceptować siedem podstawowych prawd o sobie.

1) **Jesteś Osobą w pełni *dobrą i doskonałą*, cenną i wiele wartą.** W wielu dziedzinach nikt nie jest lepszy ani zdolniejszy od ciebie.
   Dopiero gdy zaczynasz *wątpić* w swoją wartość i doskonałość, zaczynasz kwestionować samego siebie. Niezdolność do zaakceptowania siebie jako człowieka dobrego jest przyczyną wielu z twoich objawów niezadowolenia.

2) ***Jesteś ważny.*** Dotyczy to wielu różnych sytuacji. Po pierwsze jesteś ważny dla siebie samego. Z twojego punktu widzenia świat kręci się wokół ciebie. To ty nadajesz sens wszystkiemu, co widzisz i słyszysz. Rzeczy w twoim świecie są ważne właśnie dlatego, że ty uważasz je za ważne.
   Jesteś również ważny dla swoich rodziców. Twoje narodziny były istotnym momentem w ich życiu, a kiedy dorastałeś, niemal wszystko, co robiłeś, było dla nich znaczące.
   Jesteś ważny dla swojej rodziny, dla swojego partnera czy partnerki, żony lub męża, dzieci, kręgu przyjaciół

* Tłumaczenie własne – MJW. Wszystkie tłumaczenia cytatów, tytułów książek itp. pochodzą od tłumacza książki, o ile nie podano inaczej.

i znajomych. To, co mówisz lub robisz czasem, ma na nich ogromny wpływ.

Jesteś ważny dla swojej firmy, klientów, współpracowników i społeczeństwa. To, co zrobisz, lub to, czego nie zrobisz, może być bardzo istotne dla ich życia i pracy.

To, jak ważnym się czujesz, decyduje o jakości twojego życia. Szczęśliwi ludzie sukcesu czują się ważni i cenni. Ponieważ czują i działają w ten sposób, to podejście staje się dla nich normą.

Ludzie nieszczęśliwi, sfrustrowani czują się nieważni i mało wartościowi. Nie są pewni siebie i mają do siebie negatywne nastawienie. Zazwyczaj myślą o sobie „nie jestem wystarczająco dobry" i w rezultacie narzekają na świat i otoczenie, angażując się w zachowania, które ranią ich samych i wszystkich wokół.

Nie zdają sobie sprawy z tego, że mają w sobie Księcia lub Księżniczkę.

3) **Masz *nieograniczony potencjał* i możliwość kierowania swoim życiem i światem według własnych oczekiwań.** Nie byłbyś w stanie skorzystać z całego swego potencjału, nawet gdybyś żył sto razy.

Niezależnie od tego, co udało ci się osiągnąć do tej pory, stanowi to ledwie przedsmak twoich prawdziwych możliwości. Im więcej swoich naturalnych talentów i zdolności rozwiniesz teraz, tym więcej możliwości będziesz mógł rozwinąć w przyszłości.

Twoja wiara w niemal nieograniczony potencjał jest kluczem do tego, co jesteś w stanie osiągnąć.

4) **Sam tworzysz świat, w którym żyjesz, za pomocą swoich myśli i mocy swoich przekonań.** Przekonania

na własny temat naprawdę tworzą twój świat, a nauczyłeś się ich i zacząłeś w nie wierzyć w dzieciństwie. Zadziwiające jest jednak to, że większość z tych negatywnych, samoograniczających poglądów i opinii, które utrudniają ci osiągnięcie szczęścia i sukcesu, w ogóle nie opiera się ani na faktach, ani na rzeczywistości.

Gdy zaczniesz podawać w wątpliwość te samoograniczające cię poglądy i zastąpisz je poglądami zgodnymi z rzeczywistością, twoje życie zacznie się zmieniać prawie natychmiast.

5) ***Masz wolność wyboru* tego, o czym myślisz i kierunku, w jakim chciałbyś ułożyć sobie życie.** Jedyną rzeczą, którą w pełni kontrolujesz, jest twoje myślenie i twoje życie wewnętrzne. Sam możesz zadecydować o tym, aby oddać się optymistycznym, satysfakcjonującym i napawającym cię szczęściem myślom, które prowadzą do pozytywnych działań i rezultatów. Ale możesz też wybrać myśli samoograniczające cię i negatywne, które powstrzymują i hamują twój rozwój.

Twój umysł jest jak ogród: jeśli nie będziesz pielęgnować kwiatów, które w nim rosną, panowanie nad ogrodem przejmą automatycznie – i to bez żadnego wysiłku z twojej strony – chwasty. Jeśli nie będziesz świadomie opiekował się kwiatami, czyli pozytywnymi myślami, ich miejsce zajmą myśli negatywne.

Ta prosta metafora ogrodu tłumaczy, dlaczego tak często ludzie są nieszczęśliwi, choć wcale nie wiedzą dlaczego.

6) **Znalazłeś się na tej ziemi i twoje *przeznaczenie* jest jasne: zrobić ze swoim życiem coś wspaniałego**. Masz unikalną kombinację talentów, zdolności, pomysłów

i doświadczeń, które odróżniają cię od każdej innej osoby, jaka kiedykolwiek żyła na tej planecie. Twoim przeznaczeniem jest sukces i pozytywne osiągnięcia w życiu. Zaakceptowanie lub odrzucenie tego punktu widzenia w dużej mierze zadecyduje o celach, jakie sobie postawisz, poziomie wytrwałości w obliczu napotykanych trudności, jakości twoich osiągnięć i ukierunkowaniu całego życia.

7) ***Nie ma ograniczeń co do tego*, co możesz zrobić, kim możesz się stać lub co możesz mieć**, z wyjątkiem ograniczeń, które sam wprowadzasz do swojego umysłu i swojej wyobraźni. Największymi wrogami, z jakimi kiedykolwiek się zetkniesz, są twoje własne wątpliwości i obawy. Opierają się one zazwyczaj na negatywnych poglądach, niekoniecznie mających oparcie w faktach; poglądach, które akceptowałeś przez tak wiele lat, że dziś nie jesteś w stanie podać ich w wątpliwość.
   Jak to napisał Shakespeare w „Burzy": „Przeszłość jest tylko prologiem". Wszystko, co wydarzyło się w twoim życiu w przeszłości, stanowiło przygotowanie do wspaniałego życia, jakie czeka na ciebie w przyszłości.
   Zapamiętaj zasadę: **nie ma znaczenia, skąd przychodzisz, najważniejsze jest, dokąd podążasz.**

„Dawid" – rzeźba Michała Anioła

W Akademii Sztuk Pięknych we Florencji znajduje się rzeźba „Dawid" wykonana przez Michała Anioła, uważana przez wielu za najpiękniejszą rzeźbę świata.

Podobno wiele lat po jej wykonaniu zapytano mistrza, jak potrafił wyrzeźbić coś tak pięknego. Ten wyjaśnił, że pewnego ranka, gdy szedł do swojej pracowni, zdarzyło mu się spojrzeć w boczną ulicę, gdzie od wielu lat leżał w zaroślach sprowadzony z gór ogromny blok marmuru, porośnięty już trawą.

Przechodził tą drogą wiele razy, ale tego ranka zatrzymał się i przyjrzał dokładnie tej marmurowej bryle, obchodząc ją kilkukrotnie. Nagle uświadomił sobie, że to było dokładnie to, czego potrzebował, aby stworzyć rzeźbę, której wykonanie zlecono mu niedawno. Kazał więc przenieść ten blok marmuru do swojego studia i pracował nad nim prawie przez cztery lata, aż w końcu stworzył „Dawida".

Legenda głosi, że powiedział później: „Od samego początku widziałem Dawida w tym bloku marmuru. Moim jedynym zadaniem było usunięcie wszystkiego, co nie było Dawidem, i wtedy pozostała tylko sama doskonałość".

To jest twoja historia

Możesz spojrzeć na siebie jak na rzeźbę Dawida uwięzioną w bryle marmuru. Głównym celem twojego życia jest usunięcie wszystkich obaw, wątpliwości, niepewności i negatywnych emocji oraz fałszywych poglądów czy wierzeń, które powstrzymują cię przed wydobyciem z siebie tego co najlepsze tak, abyś mógł stać się tą doskonałą osobą, którą tak naprawdę jesteś.

Twoim zadaniem jest „pocałowanie Żaby" i odnalezienie pozytywnych aspektów, które tkwią w każdej sytuacji; zamiana negatywów w pozytywy i wyzwolenie pięknej Księżniczki czy przystojnego Księcia twojego życia.

Podejmij teraz decyzję, że uwolnisz swój pełny potencjał sukcesu i szczęścia. Zdecyduj teraz, że staniesz się tą wyjątkową osobą, którą w sobie nosisz. Osiągniesz wtedy wszystkie te wspaniałe rzeczy, które są dla ciebie w życiu przeznaczone. Na następnych stronach dowiesz się, jak to zrobić.

ZRÓB TO TERAZ

Określ negatywne lub samoograniczające przekonania na temat swoich osobistych zdolności i swojej sytuacji, które mogą działać na ciebie hamująco. Następnie zadaj sobie pytanie: „A co by było, gdyby one nie były prawdziwe?".

Co by się stało, gdybyś miał wszystkie talenty i umiejętności, które byłyby ci potrzebne, aby osiągnąć prawie każdy cel w życiu? Co by było, gdybyś nie miał żadnych ograniczeń? Jakie cele byś sobie postawił, gdybyś miał pewność sukcesu i co byś zrobił inaczej, gdybyś mógł rozpocząć to dzisiaj?

ROZDZIAŁ 2

WYOBRAŹ SOBIE PIĘKNĄ KSIĘŻNICZKĘ ALBO PRZYSTOJNEGO KSIĘCIA

Księżniczka nie marzyła o poślubieniu kogokolwiek, kto by się akurat nawinął. Od początku miała jasny obraz spotkania z przystojnym Księciem, który byłby idealny pod każdym względem. A jak wygląda twój przystojny Książę lub piękna Księżniczka? W jaki sposób pracuje? Jak żyje?

Aby osiągnąć szczęście i spełnienie osobiste, musisz zacząć od jasnej definicji i określenia siebie jako osoby, którą chciałbyś być, oraz od zdefiniowania udanego życia, które chciałbyś prowadzić. Jakie cechy i wartości powinieneś posiadać, aby osiągnąć możliwą dla ciebie doskonałość? Zdaniem psychologów osoba dobrze funkcjonująca i spełniona czuje się naprawdę szczęśliwa, *żyje w zgodzie z otaczającym ją światem, jest pewna siebie, ma pozytywne podejście do otoczenia, jest spokojna, zdając sobie sprawę, że żyje pełnią swoich możliwości, a na dodatek jest pełna energii i ma optymistyczne podejście do życia*. Jeśli ten opis wydaje ci się wystarczającym celem na najbliższe miesiące, to książka ta pokaże ci, jak stać się taką osobą.

Nie śnij o rzeczach małych, bo te nie mają siły,
by poruszyć ludzkie serca.

WOLFGANG VON GOETHE

Ćwiczenie: Czarodziejska różdżka

Pomyśl o swojej przyszłości i wyobraź sobie, że masz czarodziejską różdżkę, którą wystarczy kilka razy pomachać, aby twoje życie osiągnęło ideał w czterech podstawowych wymiarach, decydujących o szczęściu lub nieszczęściu:
1) zarobki i kariera
2) rodzina i relacje
3) zdrowie i sprawność fizyczna
4) niezależność finansowa

Jednym z podstawowych zachowań ludzi sukcesu jest tak zwana wizualizacja. Stosując wizualizacje, potrafią oni stworzyć wizje doskonałej przyszłości w każdej dziedzinie swojego życia. Polega to na myśleniu opartym na zasadzie: **„nie ma żadnych granic"**.

Wyobraź sobie, że masz nieograniczoną ilość pieniędzy i czasu, ogromną liczbę przyjaciół i wszelkie kontakty, wykształcenie i doświadczenie życiowe oraz wszelkiego rodzaju talenty i zdolności, jakich mógłbyś potrzebować, żeby stać się tym, kim tylko zechcesz, posiadać wszystko, czego zapragniesz, i robić to, na co masz ochotę. Gdyby tak już było – co chciałbyś zrobić ze swoim życiem?

Gdy połączysz wizualizację z ćwiczeniem „Czarodziejska różdżka", uwolnisz umysł od ograniczeń, jakie narzuca codzienna praca i zarabianie na życie. Ćwiczenie to można by nazwać „bujaniem w obłokach", a jednak tak właśnie tworzą swoje wizje ludzie będący na szczycie, ludzie, którzy osiągnęli sukcesy w każdej dziedzinie.

Zaprogramuj swoją idealną przyszłość

Ćwicz się w myśleniu „Powrót do przyszłości". Zaplanuj najbliższe pięć lat i zastanów się, gdzie jesteś obecnie. Zapisz odpowiedzi na następujące pytania:

1. Jeśli twoja praca, kariera i biznes miałyby osiągnąć za pięć lat stan idealny, to jak by to wyglądało? Ile powinieneś zarabiać? Jak twoja sytuacja życiowa różniłaby się od tego, co robisz dzisiaj?
   Dlaczego już teraz twoje życie, praca i zarobki nie wyglądają tak, jak sobie to wyobrażasz?

2. Jeśli twoja rodzina i kontakty z innymi osobami, sytuacja domowa i sposób życia miałyby być za pięć lat idealne, to jak by to wyglądało? I jak różniłoby się to od dzisiejszej sytuacji?
   Wyobraź sobie pierwszy krok, jaki musiałbyś wykonać, aby zmienić obecną sytuację w sytuację idealną?

3. Jeśli miałbyś się cieszyć doskonałym zdrowiem i sprawnością fizyczną za pięć lat, to jak powinieneś się czuć i wyglądać? Ile powinieneś ważyć? Ile powinieneś ćwiczyć dziennie albo tygodniowo? Co powinieneś jeść? I najważniejsze: jak różniłbyś się fizycznie od osoby, którą jesteś dzisiaj?

Określ pierwszy krok, jaki powinieneś wykonać, aby osiągnąć idealne zdrowie i sprawność fizyczną.

4. I na koniec, jeśli twoja sytuacja finansowa miałaby być idealna za pięć lat, to jak określiłbyś tę wartość? Ile pieniędzy powinieneś mieć w banku i ile powinieneś zarabiać każdego miesiąca i każdego roku?
   Jaki jest pierwszy krok, który powinieneś wykonać?

Zaplanuj swój doskonały dzień

Christina często pyta swego męża, planując wspólne spędzenie czasu: „Jeśli to miałby być doskonały dzień, to co chciałbyś robić?". Zadaje to samo pytanie sobie, a potem razem znajdują sposób, aby połączyć te wyobrażenia o dwóch doskonałych dniach.

Jeśli od samego początku wyszliby z założenia, że muszą dojść do kompromisu, to byliby ograniczeni w definiowaniu swoich idealnych dni. Lecz gdy każde z nich opisze swój idealny dzień, ich wyobrażenia o tym są całkowicie różne i w rezultacie wspólnie spędzony dzień wyglada ciekawiej.

W życiu często zaczynamy planowanie od zastanowienia się nad tym, jakie ograniczenia i restrykcje wchodzą w grę. Ale jeśli zaczniesz od wyobrażenia sobie, że nie ma żadnych ograniczeń, twoje spojrzenie na tę sprawę może być zupełnie inne. Zasada jest prosta: **najpierw wyobraź sobie idealną sytuację, a potem zastanawiaj się nad tym, co jest rzeczywiście możliwe.**

I najważniejsze: co musiałbyś zacząć robić już dzisiaj, aby przygotować sobie idealną przyszłość, której pragniesz?

ZRÓB TO TERAZ!

Mierz siły na zamiary. Rozpocznij od jasno określonej definicji idealnej osoby, którą chciałbyś być, i doskonałego życia, które chciałbyś prowadzić.

Wyobraź sobie, że masz czarodziejską różdżkę i wystarczy jej użyć, aby zmienić twoją karierę, stosunki rodzinne i relacje z innymi ludźmi, zdrowie i sprawność fizyczną oraz sytuację finansową. W jaki sposób zmieniłbyś każdą z tych rzeczy w stan idealny?

Ćwicz się w myśleniu „bez ograniczeń". Uwolnij swój umysł od wyzwań dnia codziennego, ćwicząc metodę „bujanie w obłokach".

Najpierw zastanów się nad sytuacją idealną, a potem nad tym, co jest możliwe.

Określ swoją idealną przyszłość, tak byś mógł rozpocząć całkowite kontrolowanie swego życia.

Wybierz jeden cel, którego osiągnięcie w ciągu 24 godzin miałoby ogromy wpływ na twoje życie.

Podejmij natychmiast jedno działanie, aby rozpocząć zmiany i pracę w celu osiągnięcia idealnego życia.

Rozdział 3

SPÓJRZ SWOJEJ ŻABIE PROSTO W OCZY

Gdy Żaba poprosiła piękną Księżniczkę, aby pocałowała jej lepki, mokry i zimny pyszczek, Księżniczka musiała podjąć decyzję. Mogła nic nie zrobić i dalej pozostać samotną i nieszczęśliwą albo zebrać się na odwagę, zaryzykować i pocałować Żabę, choć nie miała żadnej gwarancji sukcesu.

Wszyscy mamy jakąś Żabę, czasami nawet kilka, które musimy pocałować. Żabami twojego życia są osoby, z którymi masz jakiś kłopot, sytuacje i nieudane doświadczenia; obecne problemy; twoje wątpliwości i samoograniczające podejście. Niektóre Żaby oznaczają ryzyko i konieczność podjęcia odważnych decyzji i zobowiązań, aby wyzwolić się z „okopów" i ruszyć z miejsca.

Zmierz się z faktami

Czasami, aby pocałować Żabę, musisz rzeczywiście podjąć decyzję, że ją naprawdę obejmiesz, akceptując fakt, że Żaby są oślizgłe, zimne i brzydkie. Czasami całujesz Żabę na pożegnanie, pozwalając odejść tej dziwnej postaci, krytykującej cię lub wywołującej poczucie winy.

Denial ain't just a river in Egipt*

Mark Twain

Czasami zmieniasz własne oczekiwania i widzisz swoją Żabę w innym świetle. Innym znów razem musisz, być może, pocałować ją w czoło i przebaczyć jej. Jest wiele sposobów na wyeliminowanie Żab z twojego życia.

Jednym z podziałów osobowości stosowanym przez psychologów jest podział na „osoby konfrontujące się" i „osoby unikające". Nie powinno nas dziwić, że osoby gotowe do konfrontacji, nieobawiające się zmierzyć z przeciwnościami losu i z otaczającą rzeczywistością oraz podchodzące uczciwie i bezpośrednio do innych osób i problemów życia są dużo szczęśliwsze, bardziej efektywne i pewniejsze siebie niż osoby stosujące uniki.

Osoby konfrontujące się z rzeczywistością akceptują i mierzą się z obawami, jakie wynikają z konfrontacji. Kontrolują swoje emocje. Osoby unikające obawiają się nieznanego i nie mają pewności siebie, która jest konieczna, aby móc iść do przodu.

Na szczęście możesz dołączyć do grupy osób pewnych siebie, jeśli tylko odważysz się „spojrzeć Żabie prosto w oczy,

---

* Nieprzetłumaczalna gra słów. Denial (potoczna wymowa nazwy rzeki „Nil") oznacza „zaprzeczenie, unik" i stąd w dosłownym tłumaczeniu mamy: „Denial nie jest tylko rzeką w Egipcie".

zanim ją pocałujesz". Potrzebujesz tylko przyzwyczaić się do czegoś nowego: do uczciwej konfrontacji z problemami, zamiast unikania ich lub udawania, że ich nie masz.

Bądź realistą

W swojej praktyce terapeutycznej Christina często ma do czynienia z klientami, którzy są rozczarowani z powodu niewłaściwych oczekiwań. Pewna młoda kobieta miała sesję z Christiną po wizycie u swoich rodziców i narzekała cały czas, że mieli zbyt mało czasu do spędzenia z nią razem, podczas gdy ona tak dużo wysiłku włożyła w to, żeby ich odwiedzić.

Klientka dyskutowała z Christiną o tym, jakie są jej oczekiwania wobec rodziców, gdy przyjeżdża do nich z wizytą, i po rozmowie doszła do wniosku, że powinna je zmienić. Gdy tylko ograniczyła swoje oczekiwania, jej uczucie niezadowolenia zniknęło, a relacje z rodzicami poprawiły się. Tak więc poradziła sobie ze swoją Żabą w inny sposób. Zmieniając świadomie swoje oczekiwania, zmieniła swoje uczucia i przejęła nad nimi kontrolę.

Jednym z truizmów, które często słyszymy, jest ten, że „ludzie się nie zmieniają". Podstawowe cechy osobowości i podejścia do życia rzeczywiście ulegają ugruntowaniu w wieku około 17–18 lat i pozostają w takim samym stanie do końca życia. Dlatego też wszelkie próby zmienienia innych łączą się zwykle z niepowodzeniem i frustracją.

Nie oznacza to jednak, że ludzie nie mogą rozwinąć nowych zdolności czy umiejętności i zmienić się, zbliżyć do lepszej części swej osobowości. Jednak zazwyczaj brakuje im siły woli, chęci do zmiany i ciężkiej pracy, więc takie zmiany zdarzają się rzadko.

Najważniejszą sprawą jest to, aby nigdy nie poświęcać swojego własnego szczęścia lub spokoju umysłu, ulegając nadziejom lub pobożnym życzeniom, że ktoś zmieni się i stanie się kimś innym, niż był dotychczas – kimś, kto będzie ci bardziej odpowiadał. To się prawdopodobnie nigdy nie zdarzy.

Nie uciekaj od rzeczywistości

Ucieczka lub odmowa zmierzenia się z twardymi faktami czy rzeczywistą sytuacją, w jakiej znajdujesz się ty lub inna osoba, jest główną przyczyną stresu, negatywnych emocji, niepokoju, a nawet fizycznych lub umysłowych chorób. Przeciwieństwem zaprzeczenia jest **akceptacja**. Jeśli zaakceptujesz, że jakaś osoba lub pewna sytuacja – w domu czy w pracy – jest jaka jest i nie zmieni się, a potem będziesz działał zgodnie z tym podejściem, większość stresu spowodowanego tą sytuacją zniknie.

Oddzielanie faktów od problemów

Wiele negatywnych emocji jest wywoływanych przez niewłaściwą i przesadną reakcję wobec nieoczekiwanych przeszkód czy trudności. Ważne, aby dokładnie przeanalizować problem wtedy, gdy ma on miejsce, i upewnić się, że dokładnie go rozumiemy, a potem zastanowić się, co możemy zrobić, aby sobie z nim poradzić i rozwiązać sytuację. Jak zatem postępować?

Po pierwsze należy odróżnić fakty od problemów. Różnica wydaje się prosta. Fakt jest czymś, czego nie można zmienić. Wiek, w jakim jesteś, to fakt. Pogoda też należy do faktów. Pewne rzeczy po prostu istnieją, nie można ich zmienić, one są faktami.

Jednym z kluczy do szczęścia jest takie podejście do faktów, aby nigdy nie wywoływały one w tobie złości lub uczucia niezadowolenia. Tak jak nie warto wpadać w złość na jakiś mebel w mieszkaniu, o który się uderzyłeś, tak nie warto wpadać w złość wobec innych faktów. Należy je po prostu zaakceptować i dostosować do nich swoje życie i okoliczności.

Czym zatem jest problem? Problem to coś, co możesz zmienić. Cel, którego nie osiągnąłeś, to problem, który nie został rozwiązany. Jakieś przeszkody na twojej drodze to także nierozwiązane problemy. Możesz skoncentrować swoją inteligencję i zdolności na rozwiązywaniu problemów i osiąganiu celów. Problemy to po prostu wyzwania, z którymi masz do czynienia na drodze twego życia.

Przeszłość i przyszłość

Są tylko dwa okresy w życiu: przeszłość i przyszłość. Teraźniejszość jest tylko chwilą pomiędzy nimi. Do jakiej kategorii czasu przypiszemy fakty, a do jakiej problemy?

Większość faktów, które ocenimy jako nieszczęśliwe należy do przeszłości. Coś, co należy do przeszłości, jest faktem. Nie można tego zmienić. Bardzo ważne jest właściwe zrozumienie tego, ponieważ wielu ludzi *dzisiaj* czuje się nieszczęśliwie z tego powodu, że coś nie przebiegło w oczekiwany sposób *w przeszłości*. Ale ponieważ coś wydarzyło się lub nie wydarzyło w przeszłości, stanowi to *teraz* fakt i nie można tego zmienić. Denerwowanie się faktami nic nie pomoże.

Problem natomiast jest zakotwiczony w przyszłości. To sytuacja, której można zaradzić. To obszar, w którym możemy wytężyć swoją inteligencję i zdolność działania, aby osiągnąć inny wynik. Problem z przyszłości może podlegać naszej kontroli, a wynik, jaki nastąpi, zależy od tego, co robisz w teraźniejszości.

Piknik w deszczu

Wyobraź sobie, że spotykasz na jakiejś imprezie człowieka i pytasz go: „Co słychać?". On odpowiada ci z kwaśnym wyrazem twarzy: „Jeśli chodzi o mnie, to wszystko jest w porządku, ale ciągle jestem zły na to, co się stało".

Nieco zdziwiony pytasz: „Co się stało?".

Na to on mówi: „Jakichś pięć lat temu moja rodzina i ja spakowaliśmy w sobotni wieczór kosz z prowiantem, żeby pojechać w niedzielę na piknik. Ale w niedzielę rano niebo się zachmurzyło i padało przez cały dzień, więc musieliśmy piknik odwołać. To mnie nadal złości".

Słuchając go, pomyślałeś sobie pewnie: „Ten człowiek wymaga dokładnej kontroli mózgu. Nie myśli racjonalnie. Jak może być nadal wściekły na deszcz, który padał pięć lat temu?".

Magazynowanie negatywnych emocji

Może się to wydawać dziwne, ale wielu ludzi nadal denerwuje się i martwi, a nawet cierpi na poważne problemy w relacjach prywatnych i zawodowych z powodu wydarzeń, które miały miejsce w przeszłości i nie mogą już być zmienione. Nadal są źli i smutni z powodu nieporozumień, które miały miejsce lata temu, inwestycji, na których stracili pieniądze, lub pracy, z której nie byli zadowoleni, obojętnie z jakiej przyczyny.

Zamiast zaakceptować sytuację taką, jaka jest – zajmują się „magazynowaniem emocji", nosząc cały czas w sobie negatywne myśli, gotowi do opowiedzenia o wydarzeniach z przeszłości każdemu, kto wykaże odrobinę zainteresowania. (Często spotyka się takie osoby na różnych przyjęciach albo, nie daj Boże, na sąsiednim miejscu w samolocie.)

Christina często pracuje z pacjentami, którzy próbują usunąć myśli dotyczące wydarzeń z przeszłości, ale zamiast naciskać, aby o nich zapomnieli, próbuje raczej wykazać im brak logiki w podejściu, zadając proste pytanie: „W jaki sposób rozmyślanie nad tymi wydarzeniami, uczuciami czy wymówkami z przeszłości pomaga ci teraz?". To jest bardzo mocne pytanie. Często trzymamy się jakichś negatywnych myśli, emocji czy sytuacji, ponieważ to powstrzymuje nas przed ryzykiem, jakie stanowiłby, na przykład, związek z nowym partnerem lub partnerką czy nowa praca. Po prostu wolimy *status quo* zamiast podjęcia ryzyka.

Jedną z charakterystycznych cech ludzi zrównoważonych i szczęśliwych jest to, że potrafią spojrzeć swoim problemom – swoim brzydkim Żabom – prosto w oczy. Potrafią zaakceptować je jako wydarzenia z przeszłości, które nie mogą być zmienione, wyciągnąć z nich naukę i zająć się bieżącym życiem, tak aby nie mieć nawet czasu na rozmyślanie o sprawach minionych.

Analiza sytuacji

Jednym ze sposobów przejęcia kontroli nad negatywnymi sytuacjami jest przeprowadzenie dokładnej analizy. Robi się to, ***zadając pytania***. Niemożliwe jest pozostawanie w złym nastroju, kiedy masz nad sobą kontrolę, czy też złoszczenie się, gdy zadajesz pytania i próbujesz zrozumieć sytuację albo zmianę, która nastąpiła.

Oto cztery pytania, którymi możesz się posłużyć, aby przejąć kontrolę na sytuacją:

1. *Co naprawdę się wydarzyło*? Na tym etapie bądź cierpliwy. Staraj się odpowiedzieć dokładnie. Nie próbuj atakować nikogo ani niczego, co się wydarzyło. Zamiast tego skoncentruj się na jasności wypowiedzi. Staraj się pozostać spokojnym i bez dodatkowych emocji.

2. *Jak do tego doszło?* Wyobraź sobie, że zbierasz dowody dla innej osoby; wtedy koncentrujesz się bardziej na dokładności niż na oskarżaniu. Zadawaj pytania dodatkowe tak, abyś całkowicie zrozumiał wszystkie szczegóły.

3. *Co można zrobić?* Przejmij kontrolę nad swoim umysłem, koncentrując się na przyszłości i na tym, co można zrobić, a nie na tym, co się stało i nie może już być zmienione. To spowoduje bardziej pozytywne podejście i przejęcie przez ciebie kontroli nad emocjami i sytuacją.

4. *Co można zrobić teraz?* Zamiast martwić się i męczyć wyrzutami sumienia, zacznij działać, podejmując czynności, które pozwolą rozwiązać problem i ruszyć do przodu.

Staraj się zrozumieć

Stephen R. Covey w swojej książce *7 nawyków skutecznego działania*[*] napisał: „Staraj się najpierw zrozumieć, a potem chciej, aby ciebie zrozumiano". Koncentruj się na dobrym

[*] Stephen R. Covey, *7 nawyków skutecznego działania*. Rebis, Poznań 2007.

zrozumieniu sytuacji, zanim zaczniesz oceniać lub wyciągać wnioski.

Unikaj tendencji do katastrofizowania, to znaczy doszukiwania się najgorszych możliwych rozwiązań danej sytuacji. Bardzo niewiele spraw jest rzeczywiście tak złych, jak to się na początku wydaje.

Unikaj popularnego błędu, jakim jest pomieszanie współzależności z przyczynowością, to znaczy założenia, że jeśli dwa wydarzenia miały miejsce w tym samym czasie, to jedno jest wywołane przez drugie. Ten błąd myślenia może prowadzić do przedwczesnego wyciągania wniosków i to wniosków fałszywych. Bardzo często dwa wydarzenia, które występują razem, są tylko zwykłym zbiegiem okoliczności. Żadne z nich nie ma nic wspólnego z drugim.

Kluczem do analizowania sytuacji jest ciągłe zadawanie pytań i zbieranie informacji. Czasami okazuje się, że coś, co wydawało się poważną komplikacją lub problemem, nie stanowi aż tak wielkiej przeszkody, jak sądziliśmy. Często to, co na początku było problemem, zamienia się w możliwość wprowadzenia zmian, które okazują się na dłuższą metę bardzo korzystne.

Praktyka konfrontacji, a nie unikania, patrzenia Żabie prosto w oczy, zamiast udawania, że nie jest to aż takie niemiłe, to podstawowe cechy osoby efektywnej. Ludzie, którzy reagują pozytywnie i konstruktywnie na nieuniknione problemy w pracy i życiu osobistym, są zazwyczaj najbardziej respektowani w swoim otoczeniu.

Zwalczanie niepokoju

Jednym ze sposobów wyeliminowania niepokoju jest zastosowanie specjalnej metody jego zwalczania w każdej sytuacji, w której odczuwamy stres lub zdenerwowanie. Metoda ta opiera się na czterech etapach działania:

Etap pierwszy: Ustal wyraźnie przyczyny niepokoju. Co cię naprawdę denerwuje?

Wielu ludzi martwi się sprawami, które nie są wystarczająco jasno określone, co powoduje zdezorientowanie. Ich myślenie jest mało sprawne. Jak dzieci w nocy denerwują się z powodów, które dla nich są niejasne. Albo też nie mają wystarczających informacji, co powoduje nadmierne reagowanie.

Lekarze mówią często: „Właściwa diagnoza to połowa procesu leczenia". Zdefiniowanie przyczyn niepokoju, najlepiej nawet w formie pisemnej, pozwoli na natychmiastowe znalezienie rozwiązania, które całkowicie wyeliminuje uczucie niepokoju.

Etap drugi: Określ najgorszy możliwy rezultat, jaki może wywołać sytuacja spowodowana niepokojem. Co najgorszego może się wydarzyć?

Większość negatywnych emocji i niepokojących sytuacji powstaje w wyniku *unikania konfrontacji*. Ludzie odczuwają ogromny stres, właśnie unikając konfrontacji z rzeczywistością. Nie chcą, aby była ona taka, jaka jest, i sądzą, że ignorując ją, spowodują, że problem sam zniknie lub nie będzie aż tak poważny. Ale to podejście rzadko zdaje egzamin.

Gdy zastanowisz się nad najgorszą sytuacją, jaka może powstać w wyniku aktualnego problemu, to zazwyczaj zauważysz, że nie jest ona wcale taka zła, jakby się wydawało. To może oznaczać, na przykład, koniec związku między dwojgiem ludzi, ale to nie jest przecież śmierć. Może to też oznaczać stratę pewnej ilości pieniędzy, ale to nie jest bankructwo.

A nawet jeśli dojdzie do bankructwa, to sytuacja powodująca problem stanowi fakt i z tym trzeba się zmierzyć. Uświadom sobie, że prawdopodobnie zarobisz te pieniądze nieco później, robiąc coś innego lub w inny sposób, w innym miejscu. Myśl pozytywnie!

Jeżeli sytuacja wiąże się z problemami zdrowotnymi, podejmij ryzyko konfrontacji. Nie próbuj sam siebie okłamywać. Rób, co w twojej mocy, aby rozwiązać problem, i powierz swoje zdrowie ekspertom lub siłom wyższym.

Etap trzeci: Postanów sobie, że zaakceptujesz najgorsze, co może się wydarzyć. Ponieważ większość stresu spowodowana jest odmową określenia i zaakceptowania najgorszego rezultatu, jaki może nastąpić, gdy już postanowisz, że akceptujesz najgorsze – twój stres zniknie. Nagle poczujesz się spokojny i zrównoważony. Stosując zamiast unikania akceptację, przejmujesz pełną umysłową i emocjonalną kontrolę nad sytuacją.

Etap czwarty: Zacznij natychmiast pracować nad poprawieniem najgorszego scenariusza. Rób wszystko, co w twojej mocy, aby zminimalizować szkody, kontrolować koszty i zmniejszać straty. Zaangażuj się w zwalczanie przeciwieństw tak bardzo, że nie będziesz miał w ogóle czasu na martwienie się.

ZRÓB TO TERAZ!

Pomyśl o niepowodzeniach, jakie cię ostatnio spotkały, i zadaj sobie cztery pytania. Gdy będziesz na nie odpowiadał, obserwuj siebie i sprawdzaj, czy udzielanie odpowiedzi zmienia twoją ocenę sytuacji.

Co naprawdę się wydarzyło?
Jak się to wydarzyło?
Co można zrobić?
Jakie działanie można obecnie przedsięwziąć?

Rozdział 4

OCZYŚĆ SADZAWKĘ Z ŻAB

Celem twojego życia jest bycie szczęśliwym. Szczęście i spokój umysłu to najważniejsze cele prawie każdego z nas. Twoja zdolność do osiągnięcia szczęścia jest prawdziwą miarą sukcesu jako istoty ludzkiej.

Mam dobrą wiadomość: nigdy nie było tak łatwo jak obecnie osiągnąć szczęścia i zadowolenia w każdej dziedzinie. Dzisiaj bowiem wiemy dużo więcej niż kiedykolwiek w przeszłości na temat przyczyn, warunkujących szczęście i nieszczęście w życiu. W ciągu ostatnich lat nauczyliśmy się o działaniu ludzkiego umysłu i jego relacji do szczęścia oraz wszystkich innych funkcji dużo więcej niż kiedykolwiek wcześniej.

Gdy Brian przekroczył dwudziestkę, pełen ambicji i ochoty do życia w szczęściu i zadowoleniu, zaczął zastanawiać się nad tym tematem. Po tysiącach godzin spędzonych na czytaniu przeróżnych książek z dziedziny psychologii, filozofii, religii i odnoszenia sukcesów w życiu zdobył wyjątkowo dużą wiedzę na ten temat.

Prawdą jest, że wszyscy osiągamy największe sukcesy i szczęście w życiu, gdy posługujemy się naszymi wrodzonymi zdolnościami w możliwie największym zakresie.

SMILEY BLANTON

Główna przeszkoda

Brian odkrył, że główną przeszkodą do osiągnięcia szczęścia i spełnienia w życiu są negatywne emocje, czyli – w naszej terminologii – te brzydkie Żaby, które skaczą sobie w twojej „umysłowej sadzawce". Negatywne emocje, obojętnie, jakie byłoby ich źródło, są przyczyną prawie wszystkich nieszczęść, biedy i frustracji w życiu prywatnym i w pracy. Jeśli potrafisz wyeliminować negatywne emocje, możesz zmienić całe swoje życie!

Brian doszedł również do wniosku, że umysł ludzki działa jak próżnia: obszar ten nie pozostaje pusty zbyt długo. Gdy tylko usuniesz z niego negatywne emocje, umysł wypełni go emocjami pozytywnymi: szczęściem, radością, miłością, pokojem i zadowoleniem. Innymi słowy, gdy pozbędziesz się chwastów, swobodnie zaczną rosnąć kwiaty.

Czasami jakiś jeden nowy pomysł, czy nowe spojrzenie na zagadnienie, powoduje zmianę oceny sytuacji z przeszłości i może tak dalece wpłynąć na ciebie, że całkowicie zmienisz swoje podejście do jakiejś sprawy. Po prostu staniesz się w tej materii na zawsze inną osobą.

Sytuacje negatywne zmieniają się w pozytywne

Może się, na przykład, zdarzyć tak, że zostaniesz wyrzucony z pracy i będziesz wściekły na swojego pracodawcę za krzywdę, jaką ci wyrządził. Jednak po jakimś czasie znajdujesz inną, lepszą pracę, która bardziej odpowiada twoim zdolnościom i zainteresowaniom, nowi koledzy są milsi, a do tego twoje zarobki wyższe niż poprzednio. Patrząc wstecz, zdasz sobie sprawę, że twój dawny pracodawca wyrządził ci ogromną przysługę, wyrzucając cię z pracy, i właściwie zamiast złościć się na niego, spojrzysz wstecz z wdzięcznością.

Jednym z najbardziej przydatnych nawyków, jakie warto rozwijać, jest nauka wyciągania lekcji ze wszystkiego, co wydarza się w twoim życiu – szczególnie z doświadczeń negatywnych. Gdy zdarzy ci się w życiu jakaś nieoczekiwana porażka, jakieś chwilowe niepowodzenie (to ta zimna, oślizgła Żaba), postanów sobie, że skoro masz kontrolę nad swoimi myślami, wyciągniesz z tego lekcję, która będzie korzyścią dla ciebie, i zmienisz tę sytuację w pozytywne rozwiązanie. Bardzo często właśnie dzięki takim sytuacjom można wpaść na nowe pomysły czy możliwości. Jaka jest najcenniejsza lekcja, jaką przynoszą ci trudności czy problemy, przez które teraz przechodzisz?

Przejmij kontrolę nad swoim umysłem

Aby stać się człowiekiem sukcesu i osiągnąć jak najwięcej tego, co możliwe w twoim życiu, musisz zacząć od początku. Prawo kontroli mówi, że czujesz się zadowolony z siebie proporcjonalnie do stopnia, w jakim kontrolujesz swoje życie.

I odwrotnie: jesteś nieszczęśliwy w takim stopniu, w jakim twoje życie nie jest kontrolowane przez ciebie, lecz przez okoliczności zewnętrzne lub inne osoby.

Innymi słowy: albo kontrolujesz swoje życie sam, „od wewnątrz", albo twoje życie i ciebie kontrolują siły zewnętrzne. Mogą to być okoliczności, inni ludzie – na przykład twój szef – albo rachunki, które otrzymujesz, stan zdrowia, a więc zdarzenia, na które nie masz żadnego lub tylko niewielki wpływ. Psycholodzy zgadzają się, że posiadanie poczucia kontroli lub jego brak jest krytycznym czynnikiem w odczuwaniu stresu lub jego braku i szczęścia lub nieszczęścia w prawie każdej ludzkiej dolegliwości – zarówno emocjonalnej, jak i duchowej.

Faktem jest, że całkowitą kontrolę masz tylko nad jedną rzeczą: nad swoim umysłem. Możesz kontrolować swoje myśli. Viktor Frankl, którzy przeżył obóz w Oświęcimiu, powiedział: „Ostatni element ludzkiej wolności, to możliwość wyboru zachowania w każdych okolicznościach, możliwość wybrania własnego podejścia".

Musisz skoncentrować się na wyeliminowaniu negatywnych emocji wszelkiego rodzaju. Na szczęście jest to możliwe dzięki zastosowaniu serii sprawdzonych metod i technik, a niektóre z nich można wprowadzić w życie w ciągu jednej chwili. O tym będziemy mówić na następnych stronach.

ZRÓB TO TERAZ!

Od dzisiaj zacznij zwracać uwagę na swoje myśli w sytuacjach, gdy czujesz się zdenerwowany, sfrustrowany i przepełniony negatywnymi uczuciami. Weź głęboki oddech i podejmij decyzję niepoddawania się im. Daniel Golemann w książce *Inteligencja emocjonalna** mówił o procesach, które niektórzy ludzie określają jako „efekt kuli śnieżnej". Negatywne emocje zaczynają się od małej kulki, toczącej się po śniegu. Im bardziej się nimi przejmujemy, tym stają się większe. Możesz podjąć decyzję, że będziesz koncentrować się na myślach i uczuciach pozytywnych i odrzucać negatywne. Pamiętaj: tylko ty kontrolujesz swoje myśli!

Zaprogramuj się na optymizm

Skąd pochodzą nasze emocje? Co jest pierwsze: myśl czy uczucie? Faktem jest, że myśli wyprzedzają uczucia, a uczucia poprzedzają decyzję i działanie. Najpierw myślisz o czymś albo otrzymujesz nowe informacje. Potem interpretujesz myśl jako pozytywną lub negatywną. Twoja interpretacja generuje następnie właściwe emocje. Emocje z kolei wywołują właściwą reakcję z twojej strony.

Innymi słowy, ty sam decydujesz o swoim życiu emocjonalnym. Bardzo wiele rzeczy, które wydarzają się w twoim życiu, jest wynikiem twojego wyboru myślenia o nich i oceniania ich. To ty nadajesz znaczenie każdemu wydarzeniu w twoim życiu – nikt inny.

Większość ludzi myśli na zasadzie stymulacji i reakcji – modelu znanego z psychologii behawioralnej. Konkretne

---

* Daniel Golemann *Inteligencja emocjonalna*, Wydawnictwo Media Rodzina, Poznań 2004.

wydarzenie czy impuls mogą wywołać odpowiednią reakcję lub działanie prawie natychmiast. Większa część naszych myśli i uczuć pojawia się automatycznie i instynktownie. Po prostu reagujemy tak, jak to robiliśmy wiele razy w przeszłości.

Jednakże najlepsi myśliciele, osoby osiągające sukces w życiu, ludzie szczęśliwi, reagują inaczej niż większość ludzi. Zamiast natychmiastowej reakcji na impuls, większość ludzi sukcesu daje sobie czas na zastanowienie się nad tym, co się dzieje, i nad wyborem najlepszej reakcji. Ten krótki moment zastanowienia się – pomiędzy impulsem a reakcją – decyduje o jakości życia danej osoby.

Rozwaga

Gdy opanujesz nawyk pozytywnego i konstruktywnego myślenia o wydarzeniach, zanim zareagujesz, będziesz podejmował lepsze decyzje i twoje działania będą bardziej konstruktywne niż działania ludzi, którzy reagują bez zastanowienia się nad konsekwencjami.

Gdy spojrzysz wstecz na swoje życie, na pewno zauważysz, że wiele błędów, które popełniłeś i które spowodowały uczucie nieszczęścia i smutku, było rezultatem tego właśnie, iż nie dałeś sobie wystarczającej ilość czasu, aby zastanowić się przed rozpoczęciem działania.

Prawo zastępowania

Prawo zastępowania mówi, że w naszym umyśle możemy w danej chwili mieć tylko jedną myśl: pozytywną lub negatywną. Mówi ono również, że można świadomie zastąpić myślenie negatywne, myśleniem pozytywnym. Możesz wybrać sposób myślenia, który jest pozytywny i zapewnia ci zadowolenie, zamiast myślenia, które wywołuje niezadowolenie.

Doktor Martin Selligman z Uniwersytetu w Pensylwanii przez dwadzieścia dwa lata prowadził eksperymenty na temat optymizmu. Jednym z jego najciekawszych wniosków było to, że ludzie są optymistami lub pesymistami w zależności od ich „stylu wyjaśniania".

Twój styl wyjaśniania to właśnie sposób, w jaki interpretujesz wydarzenia. Każda osoba może mieć własny sposób postrzegania i interpretowania jakiegoś wydarzenia czy sytuacji i w zależności od tego następujące potem uczucia są automatycznym rezultatem tych interpretacji. Postrzeganie czegoś to rzeczywistość. Dlatego mówi się, że każda historia ma trzy wersje. Wersja pierwszej osoby, wersja drugiej osoby i to, co naprawdę się wydarzyło.

Reinterpretowanie sytuacji

NLP* proponuje w tej sytuacji technikę „przeramowania". To nie sytuacja powoduje, że czujesz się szczęśliwy lub nieszczęśliwy, ale twoja interpretacja sytuacji, która może być pozytywna lub negatywna, i to ona wywołuje odpowiednie emocje. Dla przykładu: gdy pierwszy raz patrzysz na zimną, oślizgłą Żabę (albo na jakąkolwiek inną trudną sytuację czy osobę) i wyobrażasz sobie dotknięcie jej lub bycie blisko niej, odczuwasz wstręt. Jednakże – pozostając przy naszym porównaniu z Żabą – gdy pozwolisz sobie na inną interpretację

* NLP – Neurolingwistyczne Programowanie (ang. *Neuro-linguistic programming*).

i przypomnisz sobie na przykład, że żaby zjadają komary, a jak wiadomo komarów nie uważamy za owady przyjemne, to możesz spojrzeć na Żabę inaczej, doceniając jej pozytywne funkcje.

Przeramowanie to bardzo poważne narzędzie w psychoterapii. Często, gdy ludzie spojrzą już z innej perspektywy na swoją sytuację, ich uczucia ulegają całkowitej zmianie. Jeśli jesteś nieszczęśliwy z powodu trudnego dzieciństwa, to po zastanowieniu się, gdy zrozumiesz, jak to dzieciństwo wpłynęło na dzisiejszą jakość twojego życia jako osoby dorosłej, możesz zupełnie zmienić perspektywę. Możesz nawet odczuć wdzięczność wobec trudności, jakie miałeś w okresie dorastania, ponieważ dzięki temu masz obecnie silną osobowość.

W tych sprawach bardzo ważny jest język. Słowa, których używasz, aby zinterpretować wydarzenie, wywołują myśli i uczucia, emocje i reakcje – pozytywne lub negatywne. Wybieraj więc swoje słowa ostrożnie.

Historia Briana

Brian pochodził z biednego domu, gdzie się nie przelewało i nie było wielu szans na sukces. Nie skończył szkoły średniej, przez wiele lat podejmował się zmywania naczyń w restauracjach czy kopania rowów. Gdy miał dwadzieścia pięć lat, zaczął pracować w handlu i tu zaczął odnosić pierwsze sukcesy. Najpierw sprzedawał, potem zarządzał sprzedażą i udawało mu się coraz lepiej. Obejmował kolejne stanowiska kierownicze i przed trzydziestką jego życie kompletnie się zmieniło – można powiedzieć, że robił karierę.

Jego sytuacja finansowa była coraz lepsza, wziął więc głęboki oddech i postanowił spełnić marzenie swojego życia.

Kupił samochód – był to dwuletni, srebrno-szary mercedes benz 450SEL z niebieskimi, skórzanymi siedzeniami. Udało mu się przekonać sprzedawcę, aby przyjął jego stare auto jako zaliczkę, i chociaż ciężko mu było wiązać koniec z końcem, przez pięć lat spłacał samochód, o którym zawsze marzył. Gdy wyjeżdżał nim na autostradę i wciskał gaz, czuł się jak król szosy. Po roku ten duży i mocny samochód zaczął stwarzać pewne problemy, Brian zawiózł go więc do warsztatu, który specjalizował się w naprawach mercedesów.

Jedna mała część

Mechanik obejrzał samochód na podnośniku i znalazł przyczynę zakłóceń pracy w gaźniku. Wyglądało na to, że ktoś już w nim coś zmieniał i pewna ważna część została przykręcona odwrotnie, co powodowało zmniejszanie ilości paliwa dopływającego do silnika. Mechanik wymienił tę część na nową i założył ją poprawnie. Gdy Brian wyjeżdżał z warsztatu, powiedział do niego: „Naciskaj delikatnie na gaz, zobaczysz że teraz będzie inaczej".

Brian był poprzednio całkiem zadowolony ze swojego samochodu, w zasadzie sprawował się dobrze i jeździł po autostradzie szybko, ale tym razem, gdy tylko dotknął pedału gazu, auto skoczyło do przodu, jakby było rakietą. Brian musiał natychmiast wyhamować, aby nie wypaść na ulicę i nie spowodować wypadku.

Od tego czasu, prowadząc swojego mercedesa, Brian naciskał pedał gazu bardzo delikatnie. Lekkie dotknięcie powodowało bowiem, że auto przyspieszało w ciągu pięciu sekund do stu kilometrów. A wszystko dzięki wymianie jednej drobnej części w gaźniku!

Masz nadzwyczajne możliwości

Nasz umysł i nasz potencjał też można porównać do pięknie wykonanego mercedesa. Nawet jeśli nasze życie układa się w sposób zadowalający i odnosimy po drodze sukcesy, możemy mieć w naszym umyśle jakieś negatywne wspomnienia albo blokady – tę brzydką Żabę, która powstrzymuje nas od osiągnięcia rzeczy najwspanialszych. Jeśli uda ci się zidentyfikować tę blokadę i usunąć ją, nagle, w kilka tygodni czy miesięcy, dokonasz postępów, które normalnie zabrałyby wiele lat.

W następnym rozdziale nauczę cię, jak identyfikować te ukryte blokady, powstrzymujące przed odpowiednim działaniem. Dowiesz się, jak uwolnić potężne zasoby energii, entuzjazmu i dążenia do osiągania sukcesów zgodnie z twoim wyborem. Zapoznam cię ze sprawdzonymi pomysłami, które mogą zmienić twoje życie.

ZRÓB TO TERAZ!

Wyszukaj w swojej przeszłości sytuację lub osoby, wobec których nadal – mimo że sprawy należą do przeszłości – żywisz złość, która powstrzymuje cię przed włożeniem całego serca w budowanie udanego życia osobistego i pracy.

Postanów sobie, że od dzisiaj będziesz reinterpretować negatywne doświadczenia w pozytywny sposób, ucząc się z nich i pozwalając im odejść w niepamięć, dzięki czemu skoncentrujesz się na swoich celach i przyszłości, zamiast ciągle rozmyślać o tym, co już było.

Rozdział 5

OSUSZ BAGNO

Każdy z nas chce być szczęśliwy i mieć osiągnięcia w życiu. Każdy chce doświadczać radości i satysfakcji, znaleźć się w udanym związku i mieć spokój umysłu. Dlaczego zatem tak wielu ludzi z własnego wyboru prowadzi „życie w cichej, pełnej smutku desperacji?".

W każdym z przypadków, o których wspominaliśmy, brak szczęścia i osobistego zadowolenia z życia miał swoje źródło w negatywnych emocjach i blokadach, które ludzie stawiają na drodze swojego życia. Te brzydkie Żaby, zakopane głęboko w bagnie naszej podświadomości, podcinają nam nogi i powstrzymują przed życiem zgodnym z naszymi możliwościami.

Dzieci zaczynają rozwijać negatywne emocje już w pierwszych latach życia. Dzieje się tak z powodu destrukcyjnego krytycyzmu ich otoczenia i braku prawdziwej miłości. Gdy dorastają, emocje te stają się coraz bardziej intensywne i generują dodatkowe negatywne odczucia różnego rodzaju.

Ludzie zawsze oskarżają okoliczności o to, kim są.
Nie wierzę w okoliczności. Ludzie, którzy dobrze radzą sobie na tym świecie, to tacy, którzy wstają rano i szukają dobrych okoliczności, a jeśli ich nie znajdą, to je tworzą.

GEORGE BERNARD SHAW

Najbardziej negatywne emocje, odczuwane przez ludzi to obawy, wątpliwości, strach, zazdrość, zawiść, nienawiść, uczucie urazy, uczucie niedoskonałości i braku pewności siebie, szczególnie przy porównywaniu siebie z innymi osobami.

Obawy, wątpliwości i strach powstają wtedy, gdy dzieci są ciągle krytykowane. Nawet gdy dziecku uda się zrobić coś wartego podziwu, rodzicie często nie okazują zadowolenia. W wielu domach rodzice rzadko wyrażają miłość i akceptację, za to natychmiast okazują niezadowolenie i złość, gdy dzieci nie potrafią zaspokoić ich oczekiwań.

Emocje zniekształcają oceny

Wszystkie emocje, a szczególnie te negatywne, zniekształcają oceny. Osoba poddana negatywnym emocjom nie jest w stanie myśleć jasno i racjonalnie. Im bardziej intensywne są takie emocje, tym bardziej ich ofiara oddala się od rzeczywistości i nie jest w stanie myśleć jasno. Z tego powodu mówi też i działa w sposób, który jest destrukcyjny i niewytłumaczalny.

Kilka lat temu Abigail Trafford, pisarka z Nowego Jorku, która przeżyła bardzo przykry rozwód, napisała książkę *Crazy*

Time (Szalone czasy)*. Opisała w niej chaos emocjonalny, w którym tkwiła przez dwa lata rozwodu. Zachowywała się wtedy w sposób, którego nie mogła potem zrozumieć, gdy już miała rozwód za sobą i wróciła do swojego zwykłego stanu psychicznego. Wydawało jej się, że przez cały czas rozwodu była jak psychicznie chora – tak wielka była intensywność negatywnych uczuć, jakich doznawała. Wielu ludzi ma podobne doświadczenia, gdy przeżywają stres emocjonalny. Emocje zniekształcają oceny.

Źródło negatywnych emocji

Istnieje pięć głównych czynników, które powodują, że ludzie tworzą negatywne emocje i trzymają się ich. To jedne z najgorszych Żab – pływają głęboko w ciemnych wodach naszego emocjonalnego bagna. Należą do nich: usprawiedliwianie, identyfikacja, szczególna wrażliwość, wyrokowanie i racjonalizacja.

Usprawiedliwianie

Stosując usprawiedliwianie, bronisz swego negatywnego podejścia i prawa do bycia niezadowolonym. Negatywne emocje nie mogą egzystować bez usprawiedliwienia ani bez twojej akceptacji prawa do ich odczuwania.

Gdy omawiasz jakieś szczególnie negatywne sytuacje, koncentrujesz się przesadnie na usprawiedliwianiu swojego negatywnego podejścia i uzasadniasz to na różne sposoby. Próby usprawiedliwiania własnego zachowania występują w tak

---

* Abigail Trafford, *Crazy Time: Surviving Divorce and Building a New Life*, Perennial Library, New York 1992.

absurdalnych sytuacjach, jak na przykład mówienie do siebie w czasie jazdy samochodem czy dyskutowanie z ludźmi, których wcale obok ciebie nie ma. Często powoduje to też trudności z zaśnięciem. Im bardziej próbujesz się usprawiedliwić i przekonać siebie, że to druga strona ponosi za coś winę, ty zaś jesteś czysty i niewinny i dlatego masz prawo czuć się tak, jak się czujesz – tym większy jest twój niepokój i twoja złość.

Choć rzeczywiście mogła kiedyś mieć miejsce sytuacja, w wyniku której czułeś się skrzywdzony, odczuwałeś złość lub inne negatywne uczucia, to jedyną osobą, która do tych przeżyć może dołączyć negatywne emocje, jesteś ty sam. To do ciebie należy wybór czy zrobisz to, czy sobie „odpuścisz".

Identyfikacja

Drugim kluczem do negatywnych emocji jest identyfikacja. Stosujesz ją, kiedy wszystko, co dzieje się wokół, odnosisz do siebie i traktujesz jak atak na twoją osobę.

Jeśli nie identyfikujesz się osobiście z jakąś sytuacją, trudno będzie ci mieć wobec niej jakieś uczucia – zarówno pozytywne, jak i negatywne. Jeśli, na przykład, przeczytasz w gazecie, że tysiąc osób zginęło w wyniku powodzi w północnych Chinach, odczujesz może pewien rodzaj współczucia, ale przypuszczalnie przewrócisz stronę w gazecie i zaczniesz czytać następny artykuł, nie czując zbyt wiele. Dzieje się tak, ponieważ nie znasz ludzi, o których czytasz, może nawet nie za bardzo wiesz, gdzie leży ta część świata, nie identyfikujesz się więc z tą tragedią. Wobec tego nie odczuwasz żadnych negatywnych emocji.

Nie oznacza to, że nie umiesz odczuwać współczucia dla czyjegoś bólu czy negatywnego doświadczenia – po prostu nie jesteś emocjonalnie zaangażowany. Jeśli, na przykład, koleżanka w pracy nie wykonuje swoich obowiązków z powodu jakichś problemów osobistych, możesz jej współczuć, ale to nie oznacza, że musisz przejąć jej obowiązki kosztem własnych. Posiadanie zdrowych granic emocjonalnych jest ważne, szczególnie w pracy. Można komuś współczuć, nie przemęczając przy tym swojej własnej psychiki.

Nadwrażliwość

Trzecia przyczyna negatywnych emocji to *nadwrażliwość* wobec myśli, opinii i zdań, jakie inni mają na twój temat. Jak mówiliśmy wcześniej, ludzie którzy zostali wychowani w destrukcyjnym krytycyzmie i braku miłości, mogą rozwinąć w sobie uczucie niższości i niedoskonałości. Manifestują się one właśnie jako nadmierne przejmowanie się reakcjami i traktowaniem nas przez inne osoby.

Peter Ouspensky w swojej książce *In Search of the Miraculous* (W poszukiwaniu cudowności)* nazywał to „wewnętrznym zaangażowaniem" lub uczuciem wyjątkowej wrażliwości na sposób, w jaki traktują nas inni ludzie, połączonym z uczuciem niezadowolenia i depresji z tego tylko powodu, że wydaje nam się, iż myślą oni o nas negatywnie.

Jedna pozytywna uwaga lub słowo akceptacji ze strony innej osoby powoduje całkowitą zmianę nastroju. Jedno negatywne spojrzenie może cię zniszczyć. Ludzie z tą szczególną nadwrażliwością widzą zazwyczaj brak aprobaty tam, gdzie w rzeczywistości występuje akceptacja albo neutralność. W ekstremalnych przypadkach ludzie szczególnie wrażliwi nie są w stanie podjąć żadnej decyzji bez aprobaty innych osób.

---

* Peter Ouspensky. *In Search of the Miraculous*, Harcourt, Inc, New York 1949.

Ocenianie

Czwartą przyczyną tworzenia negatywnych emocji jest ocenianie, czyli tendencja do wydawania negatywnych opinii o innych. Gdy oceniasz inne osoby w sposób niekorzystny, uważasz, że są one czemuś winne. Ta wina usprawiedliwia twoją złość, urazę i negatywne emocje skierowane do nich.

W Ewangelii św. Mateusza (7:1)* znajdujemy słowa: „Nie sądźcie, abyście nie byli sądzeni". Gdy sądzisz i oceniasz innych, w rzeczywistości przynosisz nieszczęście i negatywne odczucia sobie samemu. Jakiejkolwiek miary użyjesz w swoich osądach, inni użyją jej przeciwko tobie. Gdy osądzasz inne osoby, stawiasz się na piedestale, zajmujesz pozycję osoby lepszej od nich, co wywołuje często negatywne emocje drugiej strony.

Jeśli nie wydajesz ocen na temat innej osoby, nie możesz być na tę osobę zły. Możesz być zły tylko wtedy, gdy wierzysz, że inna osoba zrobiła lub powiedziała coś, co cię zraniło.

Aby wyzbyć się tendencji do oceniania innych ludzi, postanów sobie, że od dziś nie będziesz oceniać nikogo z jakiejkolwiek przyczyny. To bardzo trudne, szczególnie na początku. Ale ćwicząc, możesz to opanować. Cały czas powtarzaj sobie, że inni ludzie mają prawo do odrębnego sposobu bycia, myślenia i życia.

ZRÓB TO TERAZ!

Bardzo często oceniamy innych, ponieważ widzimy w nich coś, czego nie lubimy w sobie, zazdrościmy im lub chcieli-

* Biblia Tysiąclecia, Pallottinum, Poznań 2012.

byśmy osiągnąć takie same rezultaty i cieszyć się tym samym, co oni. Następnym razem, gdy zauważysz, że oceniasz kogoś, zastanów się nad swoimi motywami. A może masz w sobie podobne cechy i to one ci się nie podobają? A może chciałbyś mieć takie cechy i żyć w sposób, w który żyje osoba, której się przyglądasz?

Ocenianie i potępianie

Odwrotnością oceniania i potępiania jest podejście neutralne – pozostawanie bez emocji i nieprzywiązywanie wagi do osób i sytuacji. Ten stan można osiągnąć, praktykując buddyjską sugestię nieprzywiązywania się do niczego. Pozostań spokojny i nie okazuj emocji. Odsuń się od danej osoby, pozwól jej być, kim chce, i robić to, co chce bez oceniania jej według swoich osobistych standardów. W większości przypadków to, co ta osoba robi, nie dotyczy w ogóle ciebie.

Gdy oceniasz inną osobę, uruchamiasz własne emocje. A jak wspomnieliśmy wcześniej, emocje zniekształcają oceny. Im bardziej oceniasz i potępiasz kogoś, tym bardziej twoje własne negatywne emocje wzrastają. Ludzie często oceniają innych, ponieważ chcą kontrolować ich zachowanie. W gruncie rzeczy jednak każdy z nas ma prawo żyć tak, jak chce, jeżeli tylko nie wpływa to negatywnie na inne osoby. Żyj więc i pozwól żyć.

Jeśli wychowałeś się w rodzinie, w której ktoś ciągle narzekał i krytykował innych, możesz mieć fałszywe pojęcie o osądzaniu i potępianiu – możesz uważać, że jest to zachowanie normalne. Sam pomysł, aby pozostawać neutralnym i nie angażować się, gdy ktoś inny mówi lub robi coś, z czym się nie zgadzasz, może wydać ci się dziwny.

Masz jednak wspaniały umysł. Jest on jak miecz o dwóch ostrzach – możesz wykorzystać go, aby uczynić siebie szczęśliwym albo nieszczęśliwym. Twoim celem powinno być użycie intelektu do utrzymania spokoju ducha i samokontroli, niezależnie od tego, co dzieje się wokół ciebie.

Gdy ludzie zachowują się w sposób, który wyda ci się niewłaściwy, powstrzymaj się od oceniania ich. Gdy mówią lub robią rzeczy, które twoim zdaniem są niewskazane, cofnij się i obserwuj ich, starając się zachować obiektywność, nie denerwując się i nie angażując.

ZRÓB TO TERAZ!
Spróbuj następującego ćwiczenia: przez 24 godziny staraj się nikogo nie oceniać z jakiejkolwiek przyczyny, w jakiejkolwiek sprawie. Pozostań neutralny. Jeśli do tej pory miałeś zwyczaj ciągle innych oceniać, zobaczysz, jak trudno jest zachować obojętność.

Empatia

Najlepszych sposobem na pozbycie się nawyku osądzania innych jest uruchomienie w sobie empatii. Jest prawie niemożliwe współczuć komuś i równocześnie oceniać go negatywnie. Dobrym sposobem jest też pobłogosławienie, przebaczenie i zapomnienie. Nie pozwól, aby zachowanie innych osób wpływało na ciebie i na twój stan emocjonalny. Posłuż się prawem zastępowania i zacznij myśleć o czymś, co wywołuje u ciebie przyjemne reakcje – w ten sposób zneutralizujesz negatywne myśli albo tendencję do oceniania innych osób.

Gdy masz do czynienia z osobami wyjątkowo trudnymi, traktuj je tak, jak byś traktował zmęczone, głodne lub zirytowane dziecko, które okazuje swoim zachowaniem zdenerwowanie czy złość. Nie można złościć się na dziecko. Zwykle akceptujemy przecież fakt, że dzieci – w pewnych okresach swojego życia i w pewnych okolicznościach – są, jakie są. Możesz też przypomnieć sobie chwile, kiedy sam byłeś zmęczony, zestresowany i trudny dla otoczenia. Wszyscy mamy słabe momenty.

Innym sposobem ułatwiającym powstrzymanie się od wydawania opinii jest przypomnienie sobie, że w podobnych sytuacjach mógłbyś zachować się tak samo. Możesz powiedzieć: „O Boże, przecież ja zachowuję się podobnie". Pozwól innym ludziom żyć w taki sposób, w jaki chcą, oczekując, że oni pozwolą tobie żyć tak, jak ty masz na to ochotę.

Metoda Sedony*

Metoda Sedony została opisana przez Hale Dwoskina i jest sposobem na odzyskanie emocjonalnej kontroli nad własnym życiem. Polega ona na tym, że najpierw staramy się zidentyfikować ludzi z przeszłości, wobec których ciągle odczuwamy złość i przypominamy sobie minione sytuacje nadal wywołujące w nas zdenerwowanie.

Potem mamy odpowiedzieć sobie na dwa pytania. Pierwsze brzmi: „Czy chcesz uwolnić się od negatywnych asocjacji

---

* Twórca tej metody, Lester Levenson, mieszkał w mieście Sedona w Arizonie. Powinniśmy więc określać ją jako „metodę z Sedony". Jednak przyjęła się nazwa bez przyimka „z". Istotę metody można sprowadzić do prostej formuły: „Znajdź w sobie problem. Następnie spróbuj pozwolić, aby on zanikł".

kreowanych przez te wydarzenia?". Jeśli odpowiedź brzmi „tak", zadajemy sobie drugie pytanie: „Czy chcesz pozwolić, aby one całkowicie zanikły?".

Zadziwiające jest, jak wielu ludzi nie chce pozbyć się negatywnych doświadczeń z przeszłości. Uważają, że skoro poświęcili na to czas, pieniądze i osobiste cierpienie, to wydarzenia te „należą do nich". Czują, że posiadają prawo do odczuwania swojego bólu. W samej rzeczy – nie chcą o tym zapomnieć.

Zapomnij o tym

Oto przykład, którym posługują się instruktorzy metody Sedony. Weź do ręki ołówek. Ściśnij go najpierw lekko, a potem tak mocno, jak tylko potrafisz. Następnie obróć dłoń tak, żeby jej wewnętrzna część była skierowana ku podłodze, i równocześnie trzymaj w niej ołówek. Zadaj sobie pytanie: „Co trzyma ołówek w twojej dłoni?". Odpowiedź jest oczywista: to ty go trzymasz, ściskając jednocześnie. Następne pytanie brzmi: „Jak możesz pozbyć się tego ołówka?". Odpowiedź jest prosta: wystarczy, że otworzysz dłoń i ołówek spadnie na podłogę.

To wspaniała ilustracja prostoty odpuszczania sobie negatywnych emocji związanych z przeszłością raz na zawsze. Gdy chodzi o ołówek, wystarczy otworzyć dłoń i wypuścić go. Podobnie łatwo możemy pozbyć się negatywnych doświadczeń, które nadal na nas wpływają – wystarczy otworzyć serce i pozwolić im się wydostać.

Pamiętaj: nikt nie wymusza na tobie żadnych uczuć. Nikt nie powoduje, że się, na przykład, złościsz. Nic, co wydarzyło się w przeszłości, nie ma kontroli nad tobą. Żadne okoliczności, żadne wydarzenia, żadna osoba z twojej przeszłości nie może mieć wpływu na twoje emocje bez twojej zgody. Jedyną osobą, która może wpływać na ciebie i sposób, w jaki interpretujesz wydarzenia z przeszłości, jesteś ty sam. Martwe Żaby w twojej sadzawce są naprawdę martwe. Utrzymujesz negatywne emocje przy życiu, karmiąc je myślami i energią. Jeszcze dzisiaj podejmij decyzję, aby pozbyć się tych Żab i oczyścić swoje życie.

Współczucie

Jednym z najcenniejszych uczuć jest współczucie. Mamy z nim do czynienia wtedy, gdy znamy emocje odczuwane przez inną osobę, rozumiemy je i jesteśmy empatyczni wobec tej osoby czy sytuacji, w której się znajduje. Nie można odczuwać negatywnych emocji wobec innej osoby, gdy równocześnie nasze serce współczuje jej z powodu trudnej sytuacji, w jakiej się znajduje.

Gdy posługujesz się swoim wspaniałym umysłem, aby znaleźć powody uzasadniające nieocenianie, gdy potrafisz zapomnieć o przykrościach, jakie ktoś sprawił ci w przeszłości, przejmiesz całkowitą kontrolę nad swoim myśleniem. Zamiast zastanawiać się nad tym, dlaczego druga osoba jest „winna" i powinna być „potępiona i ukarana", zastanawiasz się nad znalezieniem przyczyn, dla których ta osoba jest „niewinna", a następnie pozwalasz jej odejść od siebie.

ZRÓB TO TERAZ!

Wypisz na kartce imiona wszystkich osób, wobec których nadal odczuwasz złość czy niechęć. Obok ich imion napisz, co złego ci zrobiły i dlaczego miałoby to usprawiedliwiać twoją złość i negatywne emocje. Następnie zapisz w punktach przyczyny, z powodu których nie należałoby ich obwiniać, i pozwól im opuścić twoją sadzawkę – tak jak Żabie, o której mówiliśmy wcześniej. Następnie spal tę kartkę. Niech ceremonia spalenia będzie oficjalnym momentem zakończenia myśli, które cię gnębiły, i uczuć, które były przez te myśli wywoływane. Spal kartkę do końca, nie pozwalając, by pozostał nawet najmniejszy kawałek.

W ten sam sposób możesz pozbyć się innych przykrości czy bólów z przeszłości, aby cieszyć się wolnością i szczęściem w przyszłości.

Racjonalizacja

Gdy stosujemy społecznie akceptowane wytłumaczenie czynności czy działania, które społecznie akceptowane nie jest, mamy do czynienia z racjonalizacją. John Asaraf nazywa to prostym słowem:„zakłamanie".

Większość ludzi – z powodu niskiego poczucia własnej wartości i słabego ego – nie może przyznać się do tego, że zrobili lub powiedzieli coś, co nie było rozsądne czy usprawiedliwione. Dlatego nawet najgorsi zbrodniarze czują, że są niewinnymi ofiarami innych ludzi, wydarzeń lub społeczeństwa. Peter Ouspensky uważał, że większość naszych nieszczęść bierze się z „wyrażania negatywnych emocji". Ciągłe mówienie o nich, „wałkowanie" negatywnych sytuacji powoduje, że emocje te cały czas są żywe i wciąż ich przybywa. Można to porównać do zaprószenia ognia: zaczyna się od małej iskry, a potem rozszerza poza możliwością kontroli.

Jeśli iskra padnie na suche zarośla, a ty natychmiast ją zgasisz, nie zdarzy się pożar. Jeśli powstrzymasz negatywne emocje w momencie, gdy się włączają, zostaną natychmiast wygaszone, tak jak iskra, i nie spowodują żadnych szkód.

Negatywna emocja: złość

Prędzej czy później wszystkie negatywne emocje sprowadzają się do jednej: do złości. Złość jest najbardziej negatywną emocją, a wszystkie obawy, wątpliwości, zazdrość, zawiść i uraza w końcu właśnie w nią się zmieniają. Złość może być skierowana do wewnątrz – wtedy powoduje, że czujesz się fizycznie i emocjonalnie chory lub na zewnątrz, co powoduje podminowanie lub zniszczenie relacji z innymi ludźmi.

Wszyscy nieszczęśliwi ludzie są pełni złości. *Depresja* jest złością skierowaną do wewnątrz, do siebie samego i spowodowana jest niemożnością otwartego i uczciwego wyrażenia uczuć związanych z jakąś sytuacją. Często wynika to z poczucia niskiej wartości lub poczucia beznadziejności. Wyrazem złości jest napad szału, który stanowi formę werbalnej lub fizycznej agresji i atakowania innych osób za coś, co zrobili lub nie zrobili. Głównym celem poradnictwa psychologicznego jest udzielenie ludziom pomocy w procesie zrozumienia ich doświadczeń i pozbycia się negatywnych emocji, które utrudniają im życie. Wiele osób, które próbują zrozumieć przyczynę własnej złości, odkrywa, że jest ona zainicjowana urazą. Jeżeli ludzie potrafią zaakceptować fakt, że czują się zranieni przez coś, co ktoś zrobił lub nie zrobił, powiedział lub nie powiedział, to dużo łatwiej jest im pozbyć się emocjonalnego ładunku, który podtrzymuje w nich złość.

Źródła złości

Podstawowym źródłem złości jest poczucie, że jesteśmy ofiarami agresji, ataku lub wykorzystania przez inną osobę. Złość ma zawsze źródło w postawie obronnej. Zarówno złość, jak

i obawa wywołują reakcję ataku lub obrony. Powodują, że osoba „zaatakowana" albo wycofuje się w bezpieczne miejsce, albo podejmuje walkę z „atakującym".
Jednym z najgorszych aspektów złości jest to, że im bardziej ktoś ją okazuje, tym większego impetu ona nabiera – podobnie jak ogień, który wyrwał się spod kontroli. Im bardziej ktoś czuje się zły, tym bardziej czuje się także urażony.

Okazywanie złości szybko zamienia się w przyzwyczajenie – nawet drobne sprawy potrafią wywołać eksplozję. Człowiek idzie potem przez życie, cały czas czując złość wobec otoczenia. Niestety, bardzo często osobie takiej zaczyna się wydawać, że odczuwanie i gwałtowne wyrażanie złości to normalny sposób myślenia i odczuwania.

Potrzeba akceptacji urazy i zrozumienia bólu podtrzymują złość w tych osobach. I gdy słucha się kogoś, kto opowiada o przyczynach swojej złości lub smutku, to być może najlepszą pomocą będzie powiedzenie: „Doskonale rozumiem, jak się czujesz; gdybym był w twojej sytuacji, czułbym się tak samo". Okazanie sympatii, akceptacji i zrozumienia jest jednym z najszybszych sposobów uspokojenia osoby pełnej złości. Gdy ludzie czują, że ich ból jest rozumiany, mogą podjąć proces leczenia.

Obwinianie

Kolejnym źródłem złości jest obwinianie. Obwinianie siebie lub innych za coś, co zrobili lub nie, jest podstawowym fundamentem wyrażania wszelkich negatywnych emocji.

Tak naprawdę niemożliwe jest utrzymywanie w sobie przez dłuższy czas negatywnych emocji, jeżeli nie znajdziemy osoby, którą można by obwinić za przyczynę naszej złości. Moment, w którym przestaniemy obwiniać, powoduje zatrzymanie negatywnych emocji, podobnie jak przekręcenie kontaktu gasi lub zapala światło.

Antidotum na negatywne emocje jest tak proste i skuteczne, że aż trudno w to uwierzyć. Ludzie, którzy byli pełni negatywnych uczuć, źli i nieszczęśliwi przez lata, mogą prawie natychmiast wyłączyć swoje negatywne emocje jedną prostą, ale bardzo skuteczną decyzją: akceptacją własnej odpowiedzialności.

Magiczne słowa

W jaki sposób akceptujemy odpowiedzialność? Po prostu mówimy: „Jestem odpowiedzialny!".

Kiedy tylko poczujesz, że jesteś zły lub nieszczęśliwy z jakiejkolwiek przyczyny, możesz natychmiast wyłączyć emocje, powtarzając sobie nawet kilka razy: „Jestem odpowiedzialny!", „Jestem odpowiedzialny!", „Jestem odpowiedzialna!", aż do momentu, gdy negatywne uczucia miną. To podejście jest zadziwiające i całkowicie zmienia życie osoby, która je zastosuje.

Zgodnie z prawem zastępowania nasz umysł może zajmować się w danej chwili tylko jedną myślą czy emocją. Może być objęty pozytywną emocją osobistej odpowiedzialności, za to, co się wydarza albo zaangażowany w negatywne emocje złości i obwiniania. Nie może jednak mieścić w sobie tych dwóch stanów równocześnie, a wybór należy zawsze do ciebie.

Jak wspominaliśmy wcześniej, jedyną rzeczą na tym świecie, którą możesz kontrolować, jest zawartość twojego umysłu. Jeśli podejmiesz decyzję, aby utrzymywać w nim pozytywną myśl: „Jestem odpowiedzialny!", zamiast myśli negatywnych, które powodują, że jesteś nieszczęśliwy, w ciągu kilku chwil możesz już odczuwać pozytywne i optymistyczne uczucia.

Jesteś odpowiedzialny za to, co się zdarza

Ponieważ wszystkie negatywne emocje mają swoje źródło w obwinianiu, antidotum jest proste: zamiast obwiniania – zaakceptuj odpowiedzialność za daną sytuację. Gdy w pełni zaakceptujesz własną odpowiedzialność za jakąś sytuację, twoje negatywne emocje ulegną zatrzymaniu tak, jakbyś wcisnął mocno hamulec samochodu. Nie jest możliwe zaakceptowanie odpowiedzialności za daną sytuację, a równocześnie odczuwanie złości lub nieszczęścia z jej powodu. Zaakceptowanie odpowiedzialności usuwa wszystkie negatywne asocjacje związane z daną sytuacją lub osobą i oddaje kontrolę nad emocjami w twoje ręce.

Christina miała, na przykład, klienta, który kilka razy tracił pracę z powodu swojej wybuchowości i kłótni ze współpracownikami i przełożonymi. Zazwyczaj był spokojny, ale z powodu niepewności rzadko zabierał w pracy głos i rzadko przedstawiał projekty, które mogły przynieść mu pochwały. Z tego powodu czuł się sfrustrowany i pozwalał tej frustracji dojść do takiego poziomu, że zamieniała się w wybuch. Korzystając z konsultacji u Christiny, zrozumiał, na czym polega jego problem, i zaakceptował swój udział w tym, że traci kolejne miejsca pracy. Razem z Christiną stworzył plan, który polegał na wyrażaniu swoich potrzeb i uwag, zanim doszło do ogólnego uczucia frustracji. Dzięki takiemu właśnie braniu odpowiedzialności za własne działania udało mu się utrzymać następną pracę na stałe.

Dlaczego nie powinno się wyrażać negatywnych emocji

Wspominaliśmy, że niezadowolenie bierze się z wyrażania negatywnych emocji albo wobec siebie, albo wobec innych, albo z jednego i drugiego powodu naraz. Jeśli nie wyrażasz negatywnych emocji, nie mówisz o nich, nie myślisz ciągle o nich, nie możesz czuć się negatywnie.

Od dzisiaj postanów sobie, że zamiast używać swojej ogromnej inteligencji do myślenia o przyczynach, z których powodu powinieneś być pełen obaw, wątpliwości, zazdrości, zawiści, urazy i złości – pamiętając ciągle o dawnych stresujących wydarzeniach – użyjesz swoich zdolności do znalezienia powodów, aby nie wyrażać tych negatywnych emocji.

Najlepszą metodą pozbycia się negatywnych emocji jest powtarzanie tych dwóch słów: „Jestem odpowiedzialny!" za każdym razem, gdy poczujesz, że negatywne reakcje zbierają się w tobie. Wiele osób może teraz powiedzieć: „Zaczekaj chwilkę! Nie ma mowy, abym zaakceptował swoją odpowiedzialność za różne okropne rzeczy, które zrobiła inna osoba, by mnie urazić czy zranić. Zaakceptowanie odpowiedzialności byłoby nieuczciwe, ponieważ ja w żaden sposób nie jestem za to odpowiedzialny".

Możesz kontrolować swoje reakcje

To prawda: możesz zostać obrabowany, oszukany, okłamany, zdradzony lub zraniony w dziesiątki innych sposobów przez kogoś innego. Możesz przyjść na parking i znaleźć swój samochód z uszkodzeniami karoserii spowodowanymi przez inne auto, które w międzyczasie odjechało. W tego rodzaju sytuacjach nie ponosisz żadnej winy.

Jednak, choć nie jesteś odpowiedzialny za to, co się stało, jesteś odpowiedzialny za to, jak się potem zachowasz. Nie jesteś w stanie całkowicie kontrolować swojej reakcji – jest ona rezultatem osobistego wyboru. Nie ma niczego takiego, co powinno wywoływać w tobie złość lub uczucia nieszczęścia. Dopiero, gdy podejmiesz decyzję, że chcesz reagować uczuciem nieszczęścia lub niezadowolenia, takie reakcje następują.

W wierszu „Jeśli" Rudyard Kipling mówi: „Jeśli potrafisz zachować spokój, gdy wokół ciebie wszyscy potracili głowy i do tego obwiniają ciebie, to wtedy… jesteś mężczyzną, mój synu".

Cechą ludzi szczęśliwych i efektywnych jest to, że potrafią posługiwać się swoją siłą woli i samodyscypliną, aby zachować spokój i kontrolę nad sytuacją, niezależnie od tego, co się wokół nich dzieje. Wszyscy wielcy ludzie w historii – zarówno mężczyźni, jak i kobiety – rozwinęli zdolność zachowania zimnej krwi w wyjątkowych sytuacjach. Pamiętaj, emocje zniekształcają ocenę. W momencie gdy zaczniesz obwiniać kogoś innego lub jesteś zły z powodu jakichś wydarzeń, zaczynasz tracić zdolność do logicznego myślenia i podejmowania inteligentnych decyzji. Zamieniasz się w niewolnika własnych emocji. Bardzo szybko sytuacja ta może okazać się dla ciebie niekorzystna i nagle zdarzy się, że mówisz rzeczy, których potem będziesz żałować.

Zapomnij o tym

Ludzie, którzy mają za sobą rozpad relacji z drugą osobą, często zachowują wobec niej dziką złość – czasem nawet przez lata od momentu rozpadu ich związku. Gdy jednak potrafisz powiedzieć sobie: „Jestem odpowiedzialny!" i zrozumiesz przyczyny, dla których przynajmniej w części istotnie byłeś odpowiedzialny za to, co się stało, zauważysz coś interesującego. To mianowicie, że naprawdę podjąłeś wiele decyzji, które spowodowały znalezienie się i trwanie w tym niefunkcjonującym związku. Nie jesteś odpowiedzialny za to, co robi druga osoba, ale jesteś całkowicie odpowiedzialny za wszystko, co zrobiłeś lub powiedziałeś od samego początku trwania związku, aż do końca i do dnia dzisiejszego. Nie byłeś tylko biernym obserwatorem, brałeś w tym udział.

Możesz bardzo przeżywać sytuacje, gdy nie udaje ci się w pracy. Ale to ty jesteś odpowiedzialny – nikt nie zmusza cię do podjęcia takich czy innych decyzji. W oparciu o twoją wiedzę i informacje, albo ich brak, doprowadziłeś do tego, że jesteś w takiej właśnie sytuacji. Niestety, nie udało ci się osiągnąć tego, co zamierzałeś. Na drugi raz będziesz mądrzejszy i znajdziesz lepsze rozwiązania, ale w tej chwili – jesteś odpowiedzialny.

Dwa palące się ogniska

Prawo emocji mówi, że wszystko, co robimy, podlega jakimś emocjom: albo pozytywnym, albo negatywnym. Emocje, o których potem myślisz i mówisz, najczęściej stają się coraz ważniejsze i zabierają coraz większą część twojego czasu. Wyobraź sobie, że masz przed sobą dwa ogniska. W jednym płonie ogień pożądania, w drugim – ogień negatywnych emocji, oparty na twoich interpretacjach zdarzeń z przeszłości.

Załóżmy, że masz stały dopływ emocjonalnego paliwa. Możesz dolać je do któregoś z tych ognisk. Ale jeśli dolejesz całe paliwo do jednego ogniska, co stanie się z drugim?

Odpowiedź jest prosta. Jeśli wszystkie swoje emocje włożysz do ogniska pożądania i spędzisz cały swój czas, myśląc i mówiąc tylko o tym, czego chcesz i jak mógłbyś to osiągnąć, ognisko negatywnych emocji i doświadczeń w końcu wygaśnie, a popioły wystygną. To jest esencja leczenia zaburzeń emocjonalnych. Od dzisiaj, gdy cokolwiek, z jakiejkolwiek przyczyny będzie się źle układało, powiedz zawsze: „Jestem odpowiedzialny!” albo „Jestem odpowiedzialna!” i nie pozwól negatywnym emocjom rozwijać się dalej.

ZRÓB TO TERAZ!
Wyobraź sobie najbardziej negatywną sytuację, jaka ci się zdarzyła – taką, która najbardziej cię denerwuje, gdy tylko o niej pomyślisz. Pozbądź się tych negatywnych emocji, mówiąc jasno i wyraźnie: „Jestem odpowiedzialny!”.

Następnie pomyśl o wszystkich rzeczach, które zrobiłeś i których nie zrobiłeś, w wyniku których znalazłeś się w tej sytuacji. Gdy będziesz to analizować, twoje emocje uspokoją się, poczujesz wewnętrzny spokój i – zazwyczaj – zakończysz rozmyślanie, uśmiechając się do siebie.

To ćwiczenie wymaga ogromnej odwagi i siły charakteru, gdy robisz je pierwszy raz. Ale potem staje się coraz łatwiejsze.

Rozdział 6

ZMIEŃ WODĘ W SWOJEJ SADZAWCE

Masz nadzwyczajne mentalne możliwości, które mogą ci pomóc w osiągnięciu sukcesów i radości w życiu, jednak rzadko ich używasz. Jesteś tym, kim jesteś i znajdujesz się tam, gdzie się znajdujesz, ponieważ myślisz tak, jak się przyzwyczaiłeś. Gdy zmienisz sposób myślenia, zmieni się nie tylko twoje życie wewnętrzne – zmieni się także świat na zewnątrz ciebie.

Myślenie, życie i doświadczenia wielu ludzi można porównać do sadzawki bez odpływu, w której doskonałe warunki do życia mają stworzenia uwielbiające nieświeżą wodę. Niektórzy ludzie z dziwną łatwością zamykają się na nowe, interesujące, pozytywne pomysły i informacje. Wolą podejście negatywne, pełne ponurych rozmyślań, ale to nie dotyczy, na szczęście, ciebie.

Nikt nie osiągnął nic wspaniałego, oprócz tych, którzy uwierzyli, że mają w sobie to coś, co jest silniejsze od okoliczności.

Bruce Barton

Zmiana twoich myśli, przekonań, uczuć i podejścia do rzeczywistości nie jest łatwa, ale tak jak możesz doprowadzić swoje ciało do sprawności fizycznej po długim okresie bez ćwiczeń, tak samo – dzięki pracy nad sobą – możesz stać się człowiekiem szczęśliwym, pewnym siebie, o pozytywnym podejściu do życia. Możesz świadomie „karmić" swój umysł czystymi, prostymi, pozytywnymi myślami i obrazami, dzięki którym twoje życie będzie wyglądało tak, jak tego chcesz.

Przyczyna wszystkiego

Prawo przyczyny i wyniku mówi, że każdy wynik czy osiągnięcie w twoim życiu musi mieć jakąś przyczynę. Nic nie zdarza się przypadkowo. Twoje obecne życie jest wynikiem twojego myślenia w przeszłości i nie mogłoby być inne, niż jest. Biblijne prawo siania i zbierania mówi: „A co człowiek sieje, to i żąć będzie" (Gal. 6:7)*. A przecież Biblia nie jest książką rolniczą. Chodzi tu o twój umysł i osobisty rozwój. Prawo to działa także w drugą stronę. Wynika z niego, że cokolwiek zbierasz dzisiaj w jakiejkolwiek dziedzinie swojego życia, jest to rezultatem tego, co zasiałeś w przeszłości.

Jeśli więc chcesz jutro mieć inne zbiory, dzisiaj musisz posiać inne ziarno. Twój świat zewnętrzny jest zawsze odbiciem tego, co myślisz. Jak mówią komputerowcy: „Śmieci na wejściu, to i śmieci na wyjściu". Ale prawdziwa jest również inna zasada: dajesz dobro, otrzymujesz dobro.

Na szczęście możemy mieć całkowitą kontrolę nad tym, co myślimy. Jeśli wprowadzisz ją w życie, z sadzawki znikną Żaby,

---

* Cytat z Listu do Galatan wg Biblii Tysiąclecia, Wydawnictwo Pallottinum, Poznań 2012.

a pojawią się pozytywnie nastawione do świata Księżniczki i Książęta.

Programowanie i przeprogramowywanie

Twój umysł jest jak wspaniały, nowoczesny komputer, który można zaprogramować, by osiągnąć zdumiewające wyniki. Wprowadzając do niego strumień czystych, jasnych pozytywnych **myśli i oczekiwań oraz celów**, możesz przeprogramować siebie tak, aby **czuć i działać** z pewnością siebie i samokontrolą, szczególnie w sytuacjach bardzo stresujących. Być może najważniejszym zastosowaniem **prawa przyczyny i wyniku** jest maksyma: „Myśli to przyczyny, a warunki to wyniki". Z tego powodu stajesz się tym, o czym myślisz przez większość czasu.

O czym *myślisz* najczęściej? Pozytywni, szczęśliwi ludzie myślą najczęściej o tym, czego chcą, i o tym, jak to osiągnąć. Ludzie nieszczęśliwi, nastawieni do życia negatywnie, myślą najczęściej o tym, czego nie chcą i kto jest temu winien. Twoim celem powinno być zaprogramowanie swojego umysłu tak, aby myślał o tym, czego chcesz, dzięki czemu będziesz zazwyczaj sprawnie działać i doskonale się czuć.

Nowe nawyki myślenia

Są trzy główne sposoby stworzenia nawyków myślenia pełnych optymizmu i pewności siebie. Na szczęście – zgodnie z **zasadą przyzwyczajenia** – to, co się często powtarza, staje się w końcu nawykiem. I dlatego możesz stworzyć każdy nawyk, który uznasz za użyteczny i przydatny.

Tworzenie nowych, pozytywnych sposobów myślenia jest trudne, lecz gdy uda ci się zaprogramować je w twoim umyśle, staną się automatyczne i proste. Tak jak powiedział Goethe: „Wszystko jest trudne, zanim stanie się łatwe".

1. Moc pozytywnych afirmacji

Tak jak stajesz się tym, o czym myślisz, tak też stajesz się tym, o czym mówisz – szczególnie, o czym mówisz do siebie. Jednak „ustawienie domyślne" twego umysłu jest zaprogramowane na negację. Jeśli nie potrafisz świadomie wprowadzić do niego pozytywnych myśli określających, co i jakim sposobem chcesz osiągnąć, twój umysł zapełni się negatywnymi myślami, które będą powstrzymywać cię przed działaniem.

Jeśli będziesz stosować pozytywne afirmacje, twój potencjał nie zazna granic. Gdy powtarzasz sobie pozytywne, podnoszące cię na duchu słowa, szybko nabierają one wagi i znaczenia. Zaczynasz myśleć i odczuwać w harmonii z nowymi, pozytywnymi przekazami – z nowym „programem". Twoje nowe podejście wymazuje negatywne myśli i doświadczenia. Dzięki temu tworzysz bardzo potężny „mentalny system odpornościowy".

Trzy cechy pozytywnej afirmacji

Twoja afirmacja musi opierać się na trzech ważnych zasadach:

Po pierwsze, mów zawsze w pierwszej osobie, na przykład: „Potrafię to zrobić" albo „Lubię siebie", albo „Moje zarobki to tyle a tyle...".

Po drugie, używaj *czasu teraźniejszego*. Wprowadzasz w ten sposób element teraźniejszości – tak, jak gdyby to coś już się wydarzyło: „W roku 2012 zarabiam tyle a tyle ", albo „Teraz ważę tyle a tyle kilogramów". Te słowa są natychmiast akceptowane przez twoją podświadomość i wprowadzane w życie.

Po trzecie, formułuj przekazy o pozytywnym brzmieniu. Twoja podświadomość nie może przepracować rozkazów negatywnych. Mów: „Jestem abstynentem", zamiast mówić „Nie jestem już palaczem". Mów: „Jestem cierpliwy i spokojny", zamiast mówić „Nie mam napadów szału".

2. Wierzysz w to, co widzisz – wizualizacja

Drugą i bardzo potężną techniką programowania umysłu jest wizualizacja. Im częściej wprowadzasz do umysłu jasny obraz tego, kim chciałbyś być i jak chciałbyś wyglądać, tym szybsze osiągniesz rezultaty, ponieważ te rozkazy wędrują prosto do twojej podświadomości, przeprogramowują twoje myślenie i uczucia, a potem działają w odpowiedni sposób, gdy okoliczności tego wymagają.

Niżej podajemy cztery zasady efektywnego tworzenia wizualizacji, które wspierają pozytywne myślenie:

A. *Wyrazistość*: Zachodzi bezpośrednia relacja między wyrazistością twojego obrazu w umyśle a szybkością osiągania celów lub oczekiwanych zachowań w życiu. Tworzenie wyraźnych obrazów w umyśle lub patrzenie na obrazy czy zdjęcia tego, co chcesz osiągnąć, wprowadza je do twojej podświadomości, która zaczyna przyciągać ludzi i zasoby, tak że wizualizacja stanie się rzeczywistością.

B. *Intensywność*: Im więcej emocji możesz użyć w twojej wizualizacji i afirmacji, tym większy wpływ będzie to miało na twoje myśli, uczucia i działania. Kluczem jest tutaj stworzenie emocji, które towarzyszyłyby udanej realizacji twoich marzeń. Powinieneś świadomie starać się „wyzwolić uczucie" sukcesu i szczęścia, którego będziesz doświadczać, gdy twoja wizualizacja stanie się częścią twojego życia.

C. *Czas trwania*: Im dłużej starasz się utrzymać wyraźny, pełen emocji obraz w twoim umyśle, tym szybciej stanie się on rzeczywistością.

D. *Częstotliwość*: Im częściej będziesz sobie wyobrażał lub spoglądał na obraz celu, jaki chcesz osiągnąć – życia, zachowania lub doświadczeń, których pragniesz – tym szybciej zaprogramujesz te oczekiwania w podświadomości i tym szybciej staną się one rzeczywistością.

Technika szybkiego programowania wstępnego

Możesz także zastosować technikę szybkiego programowania wstępnego, aby mentalnie przygotować się do nadchodzących wydarzeń. Robisz to w formie czterech kroków: **werbalizacja, wizualizacja, przyjęcie emocji i realizacja**.

Po pierwsze, musisz pomyśleć o czymś, czego chcesz, lub o tym, jak chciałbyś się zachować, na przykład w trakcie rozmowy o pracę czy prezentacji i stworzyć osobistą, aktualną, pozytywną komendę dotyczącą tego zachowania. Na przykład mówisz sobie jasno: „W czasie tego spotkania jestem spokojny, nastawiony pozytywnie i zachowuję całkowitą kontrolę nad sobą".

Po drugie, musisz stworzyć w swoich myślach wyraźny i żywy obraz zachowania – dokładnie takiego, jakie twoim zdaniem będzie w tym momencie najlepsze.

Po trzecie, musisz wyobrazić sobie siebie jako osobę pewną siebie, szczęśliwą i zrelaksowaną, to jest taką, jaką będziesz, jeśli sytuacja ułoży się po twojej myśli.

Na koniec wprowadzasz te wszystkie trzy komendy do twojej podświadomości i pozwalasz jej przepracować je, aż nadejdzie moment spotkania czy prezentacji. Może cię to zdziwi, ale zobaczysz, że wydarzenia będą przebiegały tak, jak to sobie wyobraziłeś.

3. Przygotowanie wstępne

Wstępne zaprogramowanie siebie przed nadchodzącymi ważnymi wydarzeniami zapewni, że będziesz w stanie funkcjonować na najwyższych obrotach. Zdolność do zaprogramowania wstępnego da ci wspaniałą kontrolę nad sobą i swoim działaniem.

Jeśli wydarzenie, do którego się przygotowujesz, ma odbyć się za kilka dni, stosuj to trzyczęściowe ćwiczenie codziennie tak, jakbyś się przygotowywał do zawodów sportowych. Najlepszą porą na te ćwiczenia jest czas tuż przed udaniem się na spoczynek albo tuż po obudzeniu się rano, bo wtedy podświadomość jest najbardziej chłonna na przeprogramowanie.

Zaplanuj w myślach idealny przebieg wydarzenia. Wyobraź je sobie dokładnie według swego planu, wczuj się w sukces i zadowolenie, które będzie twoim udziałem, gdy wydarzenie wypadnie tak, jak sobie tego życzysz.

Siła negacji

Z powodu krytycyzmu doświadczanego we wczesnym dzieciństwie większość ludzi obawia się odrzucenia. Obawiają się oni negatywnych reakcji innych osób – całkowicie im obcych, a nawet takich, których nigdy nie spotkali.

W dzieciństwie ulubionym słowem dziecka jest „tak". Czy mogę dostać cukierka? *Tak*. Czy mogę dostać więcej deseru? *Tak*. Czy mogę dostać nową zabawkę? *Tak*. Czy mogę dostać pieniądze na kino? *Tak*. Wszyscy kochamy słowo „tak" i nienawidzimy słowa „nie". Jako dorośli szukamy doświadczeń, które kończą się słowem „tak", i unikamy negatywnych wydarzeń kończących się słowem „nie". Ale żeby coś w życiu osiągnąć, musimy wchodzić także w sytuacje ryzykowne, w których istnieje możliwość, że druga osoba powie „nie". Jeśli będziesz unikać słowa „nie" tak często, że stanie się to twoim nawykiem, zmniejszysz swoje szanse na osiągnięcie sukcesu i szczęścia.

Odmowa jest rzeczą naturalną i normalną

Odmowa jest rzeczą naturalną w kontaktach biznesowych, a jeszcze bardziej w sprzedaży. W działalności handlowej nie należy do wyjątków otrzymanie pięciu, dziesięciu, a nawet dwudziestu odpowiedzi negatywnych i tylko jednego „tak". Dlatego musisz przeprogramować swój umysł tak, abyś nigdy nie obawiał się słowa „nie". Gdy tylko pozbędziesz się obawy odmowy, stanie przed tobą otworem twoja nowa przyszłość.

Jednym z najważniejszych słów sukcesu są słowa „pytać" i „prosić". Im więcej pytasz czy prosisz, tym więcej możesz dostać. Dotyczy to zarówno awansu w pracy, jak i spotkań towarzyskich czy wszelkiego rodzaju związków między ludźmi, zarobków i możliwości biznesowych. Przyszłość należy do osób pytających i proszących.

Nie bój się słowa „nie"!

Jak wyeliminować obawę, że w odpowiedzi na nasze pytanie usłyszymy słowo „nie?". Jedynym sposobem jest zaprogramować siebie wstępnie. Polega to na świadomym wyszukiwaniu sytuacji, w których usłyszysz „nie". Podejmujesz decyzję, że nie będziesz się więcej obawiać słowa „nie" i to od zaraz. To odkrycie zmieniło życie Briana, gdy miał dwadzieścia cztery lata, i również jego syna w tym samym okresie życia.

Gdy Brian skończył dwadzieścia cztery lata, nie miał żadnej pracy ani wykształcenia, bo rzucił szkołę średnią. Jedyną pracą, jaką mógł dostać, była praca akwizytora polegająca na wizytach w biurach w ciągu dnia, a w domach i mieszkaniach wieczorami, i wynagradzana prowizją od sprzedaży.

Pierwszego dnia pracy chodził jak sparaliżowany z powodu swoich obaw. Spacerował wokół domu, w którym miał dokonać próby sprzedaży, obawiając się otworzyć drzwi i zapukać. W końcu zebrał się na odwagę, podszedł do drzwi, zapukał i czekał z biciem serca na ich otwarcie.

Miła starsza pani otworzyła drzwi, wysłuchała Briana, podziękowała mu grzecznie za wizytę i życzyła sukcesów, po czym zamknęła drzwi. Wychodząc z tego domu, Brian obiecał sobie, że nigdy więcej nie będzie odczuwał obawy w czasie bezpośredniej sprzedaży.

Pozbądź się obawy odmowy

Od tego dnia postanowił przeprogramować siebie i pracować, zakładając, że w każdej chwili może usłyszeć słowo „nie". Powiedział sobie, że od tej chwili każde „nie" będzie powodowało tylko większy entuzjazm do pracy i chęć zwiększonego wysiłku. Gdy nadchodził ranek, nie mógł się doczekać swojej pierwszej odmowy. Gdy tylko ją usłyszał, co oczywiście się zdarzało, zapalał się i ruszał do dalszej pracy.

Gdy jeden z synów Briana, po skończeniu liceum, zapytał ojca o radę, jakiego rodzaju pracę powinien sobie znaleźć, aby osiągnąć sukces w życiu, Brian powiedział mu, że jeśli przez rok poćwiczy sztukę akceptowania odmowy w sprzedaży bezpośredniej, to nigdy w życiu nie będzie już miał żadnych trudności.

Syn posłuchał ojca i przyjął pracę akwizytora urządzeń optycznych. Pracował tak przez rok i stał się całkowicie inną osobą. Jego pewność siebie bardzo wzrosła. Powiedział wtedy Brianowi: „Tato, wiem, że czeka mnie sukces w życiu, bo po roku sprzedawania jako akwizytor nie obawiam się już niczego!".

Możesz zaprogramować się wstępnie, aby nie mieć żadnych obaw związanych z odmową lub nieudanym działaniem, powtarzając sobie dziesiątki razy, że nic nie jest w stanie cię powstrzymać. Wyobraź sobie siebie jako spokojnego, pewnego siebie i uśmiechniętego człowieka. Mów do siebie i stwórz w sobie emocje, które odpowiadałyby sukcesowi, do którego dążysz. Powtarzając techniki mentalnego programowania – afirmacji, wizualizacji i podejścia emocjonalnego – przejmujesz całkowitą kontrolę nad umysłem i emocjami, zwiększasz swoją pewność siebie i stajesz się osobą nastawioną do świata pozytywnie.

ZRÓB TO TERAZ!

Pomyśl o wydarzeniu w niedalekiej przyszłości, które wywołuje w tobie obawy co do jego przebiegu i rezultatu. Stwórz pozytywną afirmację tego wydarzenia i wyobraź sobie, jak byś chciał działać i jak by to wydarzenie miało przebiegać. Na przykład powiedz sobie: „Jestem spokojny, pewny siebie i całkowicie się kontroluję w czasie rozmowy o pracę i na pewno ją dostanę".

Stwórz wyraźny, żywy, udany obraz swojego idealnego wyniku i wyobrażaj sobie tę scenę, wprowadzając ją do podświadomości. Będziesz zdziwiony, jakich rezultatów się doczekasz przy pierwszym zastosowaniu tej metody.

Rozdział 7

SZUKAJ PIĘKNA W ŻABACH

To nie wydarzenia w twoim życiu decydują o tym, jak się czujesz, lecz twoja reakcja na nie. Porównując do naszych Żab – to nie Żaby twojego życia mają znaczenie, ale sposób, w jaki sobie z nimi radzisz.

Dwie osoby mogą przejść przez to samo doświadczenie, ale jedna z nich da sobie z nim radę, przejdzie obok i zapomni, druga zaś będzie się czuła zniewolona, zła, obrażona i nieszczęśliwa przez dłuższy czas. To samo doświadczenie – dwie różne reakcje.

W książce Helen Schucman i Williama Thetforda „Kurs cudów"* można znaleźć takie zdanie: „To ty nadajesz znaczenie wszystkiemu, co mówisz". Oznacza to, że rzeczy same w sobie nie mają żadnego ładunku emocjonalnego – ani pozytywnego, ani negatywnego. To tylko my przypisujemy im emocjonalne znaczenie, myśląc o nich w taki czy inny sposób.

---

* Helen Schucman i William Thetforda *Kurs cudów*, Urbański & Kozłowski, Warszawa 2006.

Trudności pojawiają się nie po to, by utrudniać, ale żeby uczyć.

BRIAN TRACY

Podejmij decyzję

Najszybszym sposobem zamiany problemów na sukcesy i uwolnienia się od dawnych nieudanych doświadczeń jest podjęcie decyzji, że będziesz oceniał przeszłość w inny sposób. Jeśli posłużysz się prawem zastępowania i zamiany negatywnych myśli na pozytywne, natychmiastowej zmianie ulegną też twoje emocje.

Wayne Dyer*, znany terapeuta i autor, powiedział kiedyś: „Nigdy nie jest za późno, aby mieć szczęśliwe dzieciństwo". Innymi słowy: przez zrewidowanie interpretacji nieszczęśliwych doświadczeń w dzieciństwie możesz postrzegać je jako całkiem dobre. Po zmianie dotychczasowej interpretacji wspomnień będziesz oceniał trudny czas w zupełnie nowy, pozytywny sposób.

Mieć szczęśliwe dzieciństwo

Wyobraź sobie, że gdzieś w odległych obszarach Wszechświata, na długo, zanim się urodziłeś, byłeś *duszą*, która chciała przyjść na ziemię i mogła wybrać sobie przyszłych rodziców.

---

* Wayne Dyer: autor m.in. książek *Pokochaj siebie* i *Kieruj swoim życiem*, wydanych w Polsce przez współpracujące wydawnictwa: Czarna Owca i Wamex, Warszawa 2012.

Wyobraź sobie, że wybrałeś swoich rodziców świadomie, tak że mogłeś doświadczyć udręk dziecka dorastającego w tej właśnie rodzinie, ponieważ był to jedyny sposób, abyś nauczył się tego, czego potrzebowałeś do dalszego rozwoju.

Gdy pozwolisz sobie na taki intelektualny eksperyment, zaczniesz oceniać dzieciństwo inaczej. Docenisz lekcje, jakie niósł każdy problem i trudności, które miałeś w okresie dorastania. Akceptując zmyślony fakt, że *sam wybrałeś swoją rodzinę*, zaczynasz odbierać doświadczenia dzieciństwa jako pozytywne i mające dużą wartość edukacyjną, a nie jako negatywne i szkodliwe.

Pomyśl o wpływie, jaki twoi rodzice mieli na ciebie. Czy możesz przypomnieć sobie, jak traktowanie cię przez rodziców dawało ci możliwości rozwoju siły i wzmacniało twoje najlepsze cechy?

Nigdy nie narzekaj, nigdy się nie tłumacz

Wielu ludzi spędza całe dekady, narzekając na to, co ich rodzice zrobili albo czego nie zrobili w dzieciństwie lub jak ich wychowali. Brian pamięta przykład z własnego życia, kiedy w wieku około trzydziestu lat poszedł kiedyś na spotkanie z pewną młodą damą i w czasie obiadu zaczął narzekać na swojego ojca – na to, jak potrafił być niemiły i jak krytykował go w okresie dorastania.

Młoda kobieta słuchała przez chwilę z inteligentnym wyrazem twarzy, a potem przerwała mu i zapytała: „Brian, czy jesteś szczęśliwy z tego powodu, że żyjesz?". Odpowiedział: „Oczywiście! Cieszę się moim życiem".

Wtedy ona stwierdziła: „Dzięki twojemu ojcu jesteś na tym świecie, więc przestań narzekać".

Brian czuł się przez chwilę oszołomiony tą odpowiedzią, ale potem zrozumiał, że kobieta ma rację. Od tego dnia nigdy więcej nie narzekał – ani na swojego ojca, ani na dzieciństwo. Zrozumiał, że jeśli cieszy się życiem, to nie ma prawa krytykować ludzi, którzy przyczynili się do jego przyjścia na świat.

Możesz zrobić to samo. Cokolwiek twoi rodzicie robili lub nie robili, faktem jest, że dzięki nim tu jesteś. Dali ci największy dar, jaki można dać: życie. Dlatego zawsze możesz być im za to wdzięczny.

Wielka moc

Wyobraź sobie, że gdzieś we Wszechświecie jest wielka moc, która kocha cię i życzy ci wszystkiego najlepszego. Ta potężna moc chce, abyś był szczęśliwy, zdrowy i zadowolony z życia. Chce również, abyś odnosił sukcesy i żył w dobrobycie.

Owa moc wie, że możesz wznieść się na wyżyny szczęścia, radości i sukcesu, ucząc się w trakcie życia. Wie również, że twoja natura jest przewrotna: nigdy nie nauczysz się niczego, jeśli lekcja nie będzie bolesna. Nigdy nie nauczysz się zbyt wiele, czytając, obserwując i patrząc na doświadczenia innych. Możesz się nauczyć tylko wtedy, gdy sam odczujesz ból: fizyczny, emocjonalny czy finansowy.

Doskonałym przykładem jest tutaj sposób, w jaki ludzie podchodzą do zdrowia. Większość wybiera jedzenie bez zastanawiania się, sugerujac się tylko smakiem, i nie dba o sprawność fizyczną. Dopiero gdy dopadnie ich jakaś poważna choroba, zmieniają swoje niedobre przyzwyczajenia, zaczynają jeść zdrowiej i bardziej troszczą się o ciało.

Lekcja do opanowania

Aby cię uczyć, trenować i prowadzić w kierunku prawdziwego dobra, ta wielka siła zsyła ci więc lekcje. Do każdej „dołączony jest" ból, tak żebyś nauczył się słuchać i uważać.

Napoleon Hill powiedział kiedyś: „Każda trudność lub problem, który napotykasz, zawiera w sobie ziarno – równej albo i większej miary – korzyści i przyszłych osiągnięć". Twoim zadaniem jest koncentrować się na tych potencjalnych korzyściach oraz zyskach i „odsunąć umysł" od tego, co wywołuje gniew lub niezadowolenie.

Pomyśl o największych niepowodzeniach, jakie miałeś w życiu. Jakie najważniejsze lekcje wyciągnąłeś z tych wydarzeń? Czego się z nich nauczyłeś? Jak te lekcje pomogły ci później w podejmowaniu lepszych decyzji? Jakie korzyści i zalety wynikły z tego, czego się nauczyłeś?

Pomyśl o dzisiejszych problemach

A teraz pomyśl o wszystkich problemach, jakie masz w obecnym życiu. Wyobraź je sobie jako stos talerzy ułożonych jeden na drugim – najmniejsze z nich są na dole, a największe na górze.

Sytuacja wydaje się nie do pozazdroszczenia, ale wyobraź sobie, że ten największy problem (największy talerz) zawiera podarunek w formie lekcji, której trzeba się nauczyć, aby osiągnąć szczęście i sukces w przyszłości. O jaką lekcję mi chodzi?

Jednym z najbardziej zaawansowanych sposobów zamiany problemów w sukcesy i Żab w Książęta jest poszukiwanie cennej nauki w każdym problemie i trudności, jakie napotykasz. Jeśli zastanowisz się nad porażkami czy trudnościami z przeszłości, zauważysz, że z każdej z nich można było wyciągnąć przynajmniej jedną, a czasami nawet kilka lekcji. Emmet Fox określił to bardzo ładnie: „Wielkie dusze wyciągają wielkie lekcje z małych problemów".

Możesz zastosować tę technikę, gdy napotykasz wyzwania w przyszłości albo w sytuacjach, które już teraz wywołują w tobie obawy. Próbowanie czegoś nowego zawsze wywołuje obawy i napięcie związane z podejmowaniem ryzyka. Pewnego razu Christina rozważała przyjęcie pracy szefa komisji, zajmującej się pasjonującymi ją tematami. Bardzo chciała tej pracy, lecz obawiała się, że będzie musiała z tego powodu publicznie przemawiać. Przyjaciel wytłumaczył jej, że dzięki temu nabędzie nowych doświadczeń i umiejętności, które przydadzą jej się w przyszłości. Ta rada pomogła jej w zwalczeniu obawy i skłoniła do podjęcia wyzwania.

Lekcje, które trzeba opanować

Gdy zastanawiasz się nad największym dzisiejszym problemem, który prawdopodobnie łączy się z inną osobą, zadaj sobie pytanie: „Czego mogę się nauczyć dzięki temu problemowi czy tej trudnej sytuacji?". Twoja pierwsza odpowiedź będzie najprawdopodobniej prosta i powierzchowna. Być może odpowiesz: „Możliwie, że powinienem robić coś więcej lub mniej".

Ale teraz przychodzi najważniejsza część. Zadaj sobie kluczowe pytanie: „Czego jeszcze mogę się nauczyć z tej sytuacji?". To drugie pytanie spowoduje, że zaczniesz drążyć głębiej. Tym razem lekcja będzie ważniejsza i znacząca, a może nawet bolesna. Niewykluczone, że będziesz musiał zacząć robić coś innego lub w inny sposób albo w ogóle przestać coś robić.

Potem zadajesz sobie ponownie pytanie: „Jaką jeszcze naukę mogę wyciągnąć z tej lekcji?". Drążysz jeszcze głębiej i kontynuujesz to pytanie. Nauka, jaką będziesz mógł wyciągnąć, będzie jeszcze bardziej istotna, ale niewykluczone, że także bolesna.

W końcu, gdy będziesz zmagał się z problemem w taki sposób przez dłuższy czas, dojdziesz do sedna sprawy, do prawdziwej lekcji, którą musisz „odrobić" i wyciągnąć z niej naukę. To jest zazwyczaj ten element, który masz w sobie i który wymaga zmiany lub usunięcia.

Często zdarza nam się powtarzać ten sam scenariusz. Mamy wciąż te same problemy w pracy, niezależnie od jej rodzaju. Mamy te same problemy w związkach, nawet gdy zmienimy partnerów. Dopiero gdy rzeczywiście dojdziesz do głębi problemu i staniesz się świadomy właściwych praprzyczyn, możesz rzeczywiście się zmienić.

Jednym z najważniejszych celów terapii jest to, by osoby w niej uczestniczące osiągnęły świadomość tych praprzyczyn i roli, jaką one pełnią. Mogliśmy, na przykład, mieć jakieś negatywne doświadczenia, gdy byliśmy młodsi. Jakieś sprawy związane z tym doświadczeniem pozostały nierozwiązane i tkwią w naszych umysłach. Nie wyciągamy jednak od razu nauki z tego, co się wydarzyło, i podświadomie tworzymy kolejne sytuacje, aby powtórzyć to doświadczenie, aż w końcu dotrzemy do sedna sprawy, do lekcji, którą powinniśmy opanować i wyciągnąć naukę z tego doświadczenia.

Kontroluj swoje ego

Gdy w końcu zrozumiesz lekcję i naukę, jaką przynosi nieudana sytuacja, twoje ego natychmiast zainterweniuje. W wyniku tego będziesz unikał zmierzenia się z tą nową wiedzą. Będziesz zaprzeczał istnieniu tego problemu, licząc na to, że w jakiś sposób zniknie, choć w głębi serca wiesz, że to nie nastąpi.

Gdy nabierzesz odwagi, aby zmierzyć się z prawdą na swój temat, i podejmiesz właściwe kroki podyktowane tą sytuacją, wydarzy się coś wspaniałego. Natychmiast zniknie stres. Będziesz się czuł spokojny i zrelaksowany. Szczęśliwy i spokojny.

Gdy zmierzysz się z prawdą – a to jest ta właściwa lekcja, którą masz opanować – problem zostanie rozwiązany, nawet zanim podejmiesz pierwszy krok.

Zmień swoje słownictwo

Jedną z najszybszych metod zaprzestania negatywnego myślenia i przejścia do myślenia pozytywnego jest zmiana słownictwa. Na przykład zamiast słowa „problem" można używać słowa „sytuacja".

Słowo „problem" zawiera w sobie negację. Natychmiast wywołuje wrażenie straty, opóźnienia i utrudnienia. Słowo „sytuacja" ma zaś charakter neutralny. Gdy mówisz: „Ta sytuacja jest interesująca", nie ma w tym żadnych negatywnych odniesień. W związku z tym pozostajesz spokojny, myślisz jasno i łatwiej jest ci się zmierzyć z tym, co się zdarza.

Jeszcze lepszym słowem jest „wyzwanie". Zamiast podchodzić do trudności tak, jakby stanowiła problem lub osobisty atak na ciebie czy twoje działalnie, mówisz: „Mamy nowe, ciekawe wyzwanie, z którym trzeba się zmierzyć".

Wyzwanie jest czymś, co pobudza do aktywnego działania, czemu warto sprostać. Ma charakter pozytywny i wzywa do skoncentrowania się. Na wyzwania czekamy z pozytywną niecierpliwością, ponieważ pozwalają wykorzystać nasze zdolności, a pokonując je, stajemy się lepsi.

Najlepszym słowem, jakiego warto używać do opisu problemu, jest „możliwość". Zamiast myślenia o „problemie" czy „trudnościach" od dzisiaj traktuj je jak wyzwania lub możliwości. Możliwość to okazja, na którą niecierpliwie wyczekujemy. Używając tego nowego słownictwa, zdziwisz się, kiedy odkryjesz, jak wiele z twoich wielkich możliwości czy osiągnięć na początku wydawało się problemami czy trudnościami.

Problemy są nieuniknione

Niezależnie od tego, jak bardzo staralibyśmy się tego unikać, nasze życie pełne jest problemów, trudności i wyzwań wszelkiego rodzaju. Nadchodzą one bezustannie, jak fale oceanu.

Jedyną przerwą w tej niekończącej się serii problemów są chwilowe *kryzysy*. Jeśli prowadzisz aktywne życie, będziesz prawdopodobnie przechodził przez kryzys co dwa, trzy miesiące. Może to być kryzys fizyczny, finansowy, rodzinny lub osobisty.

Zgodnie ze swoją naturą kryzysy przychodzą „nieproszone". Nie są przewidywalną komplikacją lub chwilowym pogorszeniem, na które można się przygotować. Pozostaje tylko pytanie: „jak reagować w obliczu kryzysu: efektywnie czy nieefektywnie?".

Skoro każda osoba przechodzi kryzys jakiegoś rodzaju co dwa, trzy miesiące, oznacza to, że w momencie gdy czytasz tę książkę, jesteś albo w trakcie kryzysu, albo właśnie się z niego wydostałeś, albo stoisz w obliczu następnego. Twoim zadaniem w każdej z tych sytuacji jest wzięcie głębokiego oddechu, zachowanie spokoju, skupienie się na dobrej i cennej lekcji, którą może ci ona przynieść, i podjęcie kroków minimalizujących kryzys.

Skup się na pozytywnych cechach

Im bardziej skupiasz się na tym, czego chcesz i dokąd zmierzasz, tym bardziej pozytywna i optymistyczna będzie twoja postawa w obliczu kryzysu. Optymizm nie oznacza, że ignorujesz problemy czy trudności, ale że wybierasz świadomie pozytywne i konstruktywne podejście do nich.

Zmieniając swój sposób myślenia, staraj się doszukać nawet w negatywnych sytuacjach pozytywów. Jest takie angielskie powiedzenie: „Każda chmura ma srebrne obrzeże". Skup się na tych zewnętrznych obrzeżach chmury. Emerson* powiedział: „Gdy jest najciemniej, wtedy ludzie widzą gwiazdy".

Poziom zerowy

Wielu ludzi cierpi z powodu nieustannych obaw i niepokoju. Taką tendencję mogli im przekazać bojaźliwi rodzice. Na szczęście 99 procent rzeczy, których się obawiasz, nigdy nie nastąpi. Prawdę mówiąc, przyczyną prawdziwych nieszczęść są tylko sytuacje, których nie jesteś w stanie przewidzieć.

Efektywną metodą wyeliminowania obaw i negatywnych uczuć jest ćwiczenie się w myśleniu na „poziomie zerowym", to znaczy nawiązywanie do sytuacji wyjściowej w każdej dziedzinie twojego życia. Zadaj sobie pytanie: „Czy jest coś, co robię obecnie, a czego bym nie robił, gdybym wcześniej wiedział to, co wiem teraz?".

Przyznanie się do błędu wymaga ogromnej odwagi i charakteru. Przyznajesz się bowiem do tego, że zmieniłeś pogląd

---

* Ralph Waldo Emerson (1803–1882), amerykański poeta, eseista, prelegent i wykładowca, przedstawiciel romantyzmu w poezji amerykańskiej.

i drugi raz nie zrobiłbyś tego samego, mając informacje, które posiadasz teraz.

Ludzie kontynuują realizację różnych pomysłów, bo skoro wcześniej się do tego zobowiązali, uważają, że muszą je dokończyć za wszelką cenę. Ale, jak powiedział Emerson: „Nierozsądna konsekwencja jest cechą małych umysłów". Przyznanie się do tego, że podjęło się niewłaściwą decyzję, jest dowodem siły, a nie słabości. Zawsze warto dać sobie prawo do zmiany zdania w oparciu o nowe informacje.

Gdy już ustalisz, że drugi raz nie wszedłbyś w jakąś sytuację, twoje następne pytanie brzmi: „Jak mogę się z niej wydostać i jak szybko mogę tego dokonać?".

Skoro tylko podejmiesz decyzję o podjęciu działania – aby rozwiązać problem lub wydostać się ze złej sytuacji – twój stres zniknie. Najwięcej stresu wywołuje bowiem bezruch spowodowany niepodejmowaniem decyzji. Gdy tylko podejmiesz decyzję co do dalszego działania, poczujesz ogromną ulgę.

Myśl pozytywnie i konstruktywnie

Twój umysł to nadzwyczajne narzędzie. Może wywołać w tobie uczucie radości lub smutku – w zależności od tego, jak się nim posłużysz. John Milton* w swoim znanym poemacie *Raj utracony* napisał: „Umysł jest niezależny – może zmienić niebo w piekło, ale i piekło w niebo".

Obiecaj sobie, że od dzisiaj będziesz się posługiwał swoim wspaniałym umysłem, tak by wywoływać pozytywne

---

* John Milton (1616–1674), angielski poeta i pisarz, autor poematu epickiego: *Raj utracony*.

i konstruktywne myśli o sobie – o tym, czego chcesz i dokąd zmierzasz.

Możesz postanowić, że od dzisiaj nie będziesz nigdy interpretować sytuacji w sposób negatywny. W każdej przeszkodzie lub trudności doszukuj się dobrej i wartościowej lekcji. Podchodź do każdego problemu tak, jakby to było wyzwanie lub nowa możliwość i okazja do osiągnięcia czegoś. I najważniejsze – zajmuj się tak aktywnie celami, które chcesz osiągnąć i które są dla ciebie ważne, byś nie miał czasu na zastanawianie się i zamartwianie.

Szukajcie, a znajdziecie

Zanim przeciętny amerykański milioner doszedł do bogactwa, był dwa czy trzy razy na skraju nędzy lub blisko tego stanu. Stał się jednak milionerem dzięki lekcjom, które wyciągnął z wcześniejszych błędów. Gdyby wcześniej nie miał okresów zapaści, nie zdobyłby umiejętności i mądrości potrzebnej do osiągnięcia sukcesu później. Bankructwa były traumatycznymi przeżyciami, ale zawierały w sobie nasiona przyszłych sukcesów i bogactwa.

Wielu młodych ludzi zawiera związki małżeńskie lub nawiązuje relacje, które kończą się kłótniami, złością, negatywnymi uczuciami i rozstaniem. Dopiero później spotykają swoją idealną „drugą połowę" i są szczęśliwi przez resztę życia.

Wiele szczęśliwych dziś małżeństw traktuje swoje wcześniejsze doświadczenia jako ważną pomoc umożliwiającą rozpoznanie dobrej relacji, gdy już ją napotkają. Przyznają wręcz, że gdyby pozostali we wcześniejszych złych związkach, byliby nieszczęśliwi przez całe lata.

Cierpienie i ból

Wydaje się, że ludzie uczą się tylko poprzez *cierpienie*. Ból i cierpienie pozostają nieodłączonym składnikiem życia. Jednak najbardziej nieszczęśliwa sytuacja ma miejsce wtedy, gdy ludzie doświadczają bólu, lecz nie potrafią wyciągnąć lekcji, która razem z nim nadeszła i istnieje duże prawdopodobieństwo, że powtórzą błąd, który do tego bólu doprowadził.

Twierdzenie to znajduje potwierdzenie w sposobie, w jaki ludzie traktują własne zdrowie. Zazwyczaj nie inwestują wiele czasu czy wysiłku w troszczenie się o nie, dopóki nie usłyszą diagnozy choroby lub nie zaczną odczuwać chronicznego bólu.

Ponieważ zmiany są nieuniknione i konieczne, gdy trafią ci się trudne okresy, możesz zneutralizować swoje podejście i uczucia wobec nich, mówiąc sobie: „Widzę boską rękę w każdej zmianie" lub „Wszystko ma swoją przyczynę". Patrz na zmiany jak na błogosławieństwa zawierające pomysły, nowe zrozumienie sytuacji i korzystne zbiegi okoliczności, którymi możesz się posłużyć, aby stworzyć jeszcze lepsze życie w przyszłości.

Sprzeciw i akceptacja

Sprzeciw – jakiegokolwiek rodzaju – jest zazwyczaj głównym źródłem stresu, uczuć negatywnych, a nawet depresji. Odwrotnością sprzeciwu jest akceptacja. Ważne jest, aby umieć *zaakceptować*, że w naszym życiu zaszła zmiana, i kontynuować je po tej zmianie.

Jedną z najważniejszych zasad osiągnięcia sukcesu w życiu jest opanowanie sztuki akceptowania tego, co się wydarzyło i czego już nie możemy zmienić. Zaakceptowanie tego faktu jako naszej rzeczywistości jest pierwszym krokiem do przejęcia kontroli nad sobą i własnymi emocjami oraz do przejścia na wyższy i lepszy poziom rozumienia otaczającego nas świata.

Nieumiejętność zapominania o złych wydarzeniach pozostaje główną blokadą, która może zahamować działania człowieka nawet na wiele lat. Jedną z oznak dojrzałości jest zaakceptowanie faktu, że nie jesteśmy idealni i popełniamy błędy. Dokonałeś w przeszłości złych wyborów i podjąłeś złe decyzje, które miały złe skutki? Każdy to robi.

Żadnego żalu, żadnego oskarżania

Pewien psychiatra z dwudziestopięcioletnią praktyką powiedział w wywiadzie, że najczęstszym określeniem, jakie słyszał na początku kariery, było: „Gdybym tylko...". Opowiadając o swoich tragediach i długoletnim nieszczęściu, pacjenci mówili: „Gdybym tylko nie zrobił tego, gdybym tylko nie podjął tej decyzji, gdybym tylko nie zaakceptował tej pracy, nie zainwestował pieniędzy, nie ożenił się z tą kobietą...". Niestety, skupianie się na żalu spowodowanym błędami, które popełniliśmy w przeszłości, nie pozwala nam na wyciągnięcie korzystnych lekcji, które moglibyśmy odnieść do przyszłości.

Jednym z wielkich sekretów szczęścia jest wyeliminowanie ze swojego słownika słów „gdybym tylko...". Zaakceptuj, że cokolwiek się stało, stało się i nie może już być inne. Może to coś było niefortunne, ale jest już za nami. Minęło. Należy do przeszłości. Jest faktem. Nie można tego zmienić.

Jednym z najbardziej popularnych powiedzeń w roku 2010 było: „Jest jak jest". Niech to będzie twoje nowe motto. Zaakceptuj nowe sytuacje i idź dalej.

Myśl o przyszłości

W twoim życiu i w pracy będą zachodziły nieuniknione – także niepożądane – zmiany. Gdy do nich dojdzie, akceptuj odpowiedzialność, skupiaj się na przyszłości i koncentruj się na rozwiązywaniu problemów i osiąganiu swoich celów.

William James* powiedział: „Pogódź się ze zmianami. Zaakceptowanie tego, co się stało, jest pierwszym krokiem do pokonania konsekwencji każdego nieszczęścia". Pamiętaj, że nie jesteś ofiarą. Jesteś dumną, pewną siebie, polegającą na sobie jednostką, która całkowicie kontroluje swoje życie i swoją przyszłość. Nie zgadzaj się na pogrążanie się w żalu czy wyrzutach sumienia w związku ze zmianami, które nastąpiły i których nie możesz kontrolować.

Zysk lub strata

Wielką motywacją w życiu pozostaje dążenie do zysku. Drugim ważnym elementem motywacji jest obawa przed stratą. Psychologowie twierdzą, że obawa przed stratą bywa nawet dwa razy silniejsza niż dążenie do zysku. Gdy ludzie ponoszą straty – nawet jeśli wcześniej motywowało ich dążenie do osiągania zysku – ulegają całkowitemu zdruzgotaniu.

Jeśli żyjesz w szczęśliwym związku, masz dobrą pracę, stabilną sytuację finansową i utracisz to wszystko z jakiejkolwiek przyczyny, możesz się nagle pogrążyć w ogromnym smutku i żalu, który będzie trwał wiele miesięcy, a nawet lat. Pamiętaj jednak, że zanim osiągnąłeś to, co straciłeś, twoja sytuacja

* William James (1842–1910), amerykański filozof i psycholog, brat pisarza, Henry'ego Jamesa.

była dobra, i że również w przyszłości będzie ci dobrze bez tych utraconych rzeczy.

Zaakceptuj rzeczywistość taką jaką jest. Nie staraj się opierać jej czy walczyć z nią. Nie użalaj się nad sobą i nie mów sobie, że „gdybyś tylko" postąpił inaczej, to niefortunne zdarzenie nigdy by nie miało miejsca.

Zaakceptuj straty jako koszty utopione

W księgowości, jednym z kosztów przy wykonywaniu bilansu, są tak zwane „koszty utopione". Jest to kwota wydana i stracona w tym sensie, że nie można jej odzyskać – tak jak kosztów reklamy czy kosztów zakupu nowego sprzętu, który jest obecnie przestarzały. W życiu również mamy wiele takich kosztów utopionych. Często inwestujemy ogromną ilość czasu, pieniędzy i emocji w ludzi, pracę i różne projekty, lecz nagle dochodzi do nieoczekiwanych strat i komplikacji, a nasze inwestycje okazują się stracone.

Zamiast marnować kolejne pieniądze, inwestować więcej czasu i emocji w zły związek lub spędzać więcej czasu nad czymś, co nie ma żadnych szans na sukces, lepiej zaakceptować, że to, co dotychczas wydałeś, jest „kosztem utopionym", i zapomnieć o tym. Coś zostało stracone na zawsze.

Gdy siła charakteru pozwoli ci na stwierdzenie: „Nie miałem racji. Myliłem się. Zmieniam poglądy" – będzie ci dużo łatwiej zaakceptować niefortunne wydarzenia, które miały miejsce w twoim życiu, i potraktować je jako normalną i naturalną część osobistego rozwoju.

ZRÓB TO TERAZ!

Wybierz problem albo wyzwanie, którym się obecnie zajmujesz. Patrz na to jak na coś dobrego, co może przynieść ci korzyści i pozwoli na wyciągnięcie jakiejś wartościowej lekcji. Zastanów się, co najgorszego może się stać, postanów, że zaakceptujesz to, jeśli się wydarzy, a potem dołóż wszelkich sił, aby było zupełnie inaczej.

Rozdział 8

SKACZ ŚMIAŁO!

Na początku każdy staw jest pełen chłodnej, czystej wody – idealnej dla żywych stworzeń, które mogą w niej pływać i wzrastać. Dlaczego zatem zamiast zdrowych, szczęśliwych emocji rozwijają się w nim te negatywne, „żabie”?

Każde dziecko także przychodzi na świat, będąc *czystym potencjałem,* dzięki któremu może się stać kimś wyjątkowym, dokonać wspaniałych czynów, żyć w szczęściu, zdrowiu i dobrobycie. Dzisiaj wielu ludzi może żyć dłużej i w lepszych warunkach niż dawniej, a sytuacja ta poprawia się z roku na rok.

Jedynym błędem jest zaniechanie prób. Jedyną klęską jest przegrana z samym sobą. Nie ma też innych barier nie do pokonania niż nasze wrodzone słabości.

Orison Swett Marden*

* Orison Swett Marden (1850–1924), amerykański pisarz, reprezentant ruchu „New Thought Movement”.

Nowo narodzone dziecko jest pełne optymizmu i chęci do życia. Nie zna uczucia strachu, nie ma zahamowań, jest radosne i ciekawe – próbuje dotykać, kosztować, wąchać wszystko wokół siebie. (Czy ktokolwiek widział kiedyś dziecko, będące pesymistą?)

Dwa główne elementy zanieczyszczające staw

Już we wczesnym dzieciństwie, w wyniku błędów popełnianych przez rodziców, dzieci zaczynają doświadczać *destrukcyjnego krytycyzmu* i *braku miłości*. Te dwa elementy razem lub osobno stanowią podstawowe źródło nieszczęść i złego funkcjonowania w dorosłym życiu.

Destrukcyjny krytycyzm jest największym wrogiem ludzkiego potencjału. Bywa gorszy niż rak czy choroby serca. Podczas gdy te choroby mogą doprowadzić do poważnego pogorszenia stanu zdrowia i w rezultacie nawet śmierci człowieka, destrukcyjny krytycyzm zabija jego duszę, pozostawiając żyjące jeszcze ciało w wielkiej próżni..

Gdy rodzice próbują kontrolować dziecko – dając i odbierając mu swoją miłość – budują w nim ogromne uczucie niepewności, które wyraża się wątpieniem w siebie, nerwowością, uczuciem zakłopotania, brakiem równowagi emocjonalnej i utratą motywacji, obawą przed niespełnieniem oczekiwań, dążeniem do perfekcjonizmu i obawą przed konfrontacją lub otwieraniem się wobec innych.

Destrukcyjny krytycyzm i nieokazywanie miłości występujące razem osłabiają fizyczny i emocjonalny system samoobrony dziecka, otwierając drogę różnego rodzaju somatycznym i emocjonalnym chorobom w późniejszym w życiu. Na poziomie fizycznym dziecko, a później dorosły może wciąż odczuwać zmęczenie, łatwo zapadać na grypy, przeziębienia, choroby żołądka i choroby psychosomatyczne.

Słabość emocjonalnego systemu obrony powoduje uleganie negatywnym emocjom i staje się źródłem nieszczęścia, frustracji i depresji w dorosłym życiu.

Przez wiele lat Christina miała napady chronicznych, długotrwałych bólów głowy i żołądka. Próbowała wszystkiego, aby te bóle zmniejszyć. Zmieniała dietę, brała różne lekarstwa, a nawet spędziła kilka lat na terapii, starając się zwalczyć swoje przypadłości. I nagle odkryła coś, co zmieniło jej życie. Zauważyła, że zawsze, gdy milczała i starała się nie mówić prawdy o czymś, co się wydarzało i dotyczyło jej myśli czy uczuć – nabawiała się bólu głowy. Ból zjawiał się też zawsze, gdy tolerowała sytuację, w której źle się czuła – trwając, na przykład, w niezdrowym związku.

Kiedy już odkryła przyczynę problemów, zaczęła świadomie słuchać głosu swego ciała i starała się zachowywać prawdziwie i autentycznie. Obecnie jej bóle głowy i brzucha nie trwają dłużej niż kilka minut i – jej zdaniem – są to raczej sygnały przypominające o czymś. Wnioski, jakie z tego wyciągnęła, są bardzo ważne: każdemu z nas potrzebna jest umiejętność wsłuchiwania się w głos ciała i bycie świadomym przeżywanych emocji. Wielu ludzi odczuwa fizyczny dyskomfort, gdy coś w ich życiu emocjonalnym powoduje nierównowagę. Umysł i ciało są powiązane w bardzo misterny sposób; im bardziej stajesz się świadomy własnego stanu fizycznego, tym bardziej dostosowujesz się do swoich potrzeb emocjonalnych.

Obawa przed utratą i krytyką

Istnieje wiele negatywnych emocji, ale 99 procent z nich krystalizuje się wokół dwóch obaw: obawy przed popełnieniem błędu i obawy przed odrzuceniem.

W dorosłym życiu obawa przed popełnieniem błędu objawia się *obawą przed utratą*. Ludzie, którzy byli destrukcyjnie krytykowani jako dzieci, obawiają się utraty pieniędzy, zdrowia, stanowiska, bezpieczeństwa, a także miłości innych osób. Nie ma znaczenia, jak wiele osiągną w życiu zawodowym – obawa, że utracą to i będą musieli zaczynać wszystko od początku, prześladuje ich i stale za nimi podąża.

Obawa przed odrzuceniem jest doświadczana jako *obawa przed krytyką*. U niektórych osób może przyjąć tak ekstremalne formy, że stają się one superwrażliwe na myśli, słowa, opinie i nawet spojrzenia innych osób, niekiedy zupełnie im obcych. Ludzie ci obawiają się też, że nie zostaną zaakceptowani przez tych, którym chcieliby zaimponować. Obawa przed odrzuceniem prowadzi w efekcie do utraty respektu ze strony osób, na których respekcie im zależy. Obawiają się oni także zakłopotania lub wystawienia się na pośmiewisko, szczególnie w obecności innych. Obawa przed odrzuceniem jest główną przyczyną obawy przed publicznym przemawianiem, a wiele badań psychologicznych wykazało, że jest ona wyżej na liście obaw niż obawa przed utratą życia.

Aby pomóc ludziom zauważyć, jaką rolę odgrywają obawy w ich życiu i podejmowaniu decyzji, na naszych seminariach często zadajemy dwa pytania.

- **Pytanie 1:** „Gdybyś był dzisiaj niezależny finansowo i miał wszystkie pieniądze, jakie możesz wydać przez resztę swojego życia – co byś w tym życiu zmienił?

Z czego byś się wycofał albo w co byś się chciał zaangażować? Co byś przestał robić, a co byś rozpoczął?”.

Intencją tego pytania jest wskazanie, że gdybyś nie obawiał się biedy, gdybyś miał wszelkie pieniądze, jakie możesz sobie wyobrazić, których byś potrzebował lub chciał mieć, prawdopodobnie wprowadziłbyś drastyczne zmiany w swoim życiu.

Ludzie układają swoje plany życiowe, dopasowując je do swoich obaw. Akceptują pracę ponizej swoich możliwości, jeśli tylko mają pewność kontynuacji tej pracy. Pozostają w relacjach, w których są nieszczęśliwi, żeby tylko nie ryzykować życia samemu.

Wybierają przyjaciół, którzy są pasywni i nieciekawi, bo dzięki temu mają pewność, że nie będą nigdy krytykowani, wprawieni w zakłopotanie lub odrzuceni.

- **Pytanie 2:** „Jakie wspaniałe marzenie chciałbyś wprowadzić w życie, gdybyś wiedział, że nie grozi ci ryzyko przegranej?”.

  Jeśli miałbyś absolutną gwarancję sukcesu w jakiejkolwiek dziedzinie – znaczącej czy mniej ważnej, długo- czy krótkoterminowej – jaki ekscytujący i stanowiący wyzwanie cel byś sobie postawił?

Te pytania pomagają ludziom zidentyfikować obawy, które powstrzymują ich przed działaniem. Gdybyś miał całkowitą gwarancję sukcesu w którejkolwiek z ważnych dla ciebie spraw, prawdopodobnie poszedłbyś za „głosem serca” i wybrałbyś tę jedną wspaniałą rzecz, dla której się urodziłeś.

Osoba prawdziwie spełniona

Psycholog Carl Rogers określa osobę, która osiągnęła wyższy poziom psychologicznej ewolucji, jako człowieka „w pełni funkcjonującego". Jest to osoba, która cieszy się wysokim poziomem pewności i wiary w siebie oraz zadowolenia osobistego; ma pełne zaufanie do siebie i swojego miejsca w świecie. Najbardziej charakterystyczną cechą osoby w pełni funkcjonującej jest to, że potrafi ona być całkowicie „niedefensywna".

Nie odczuwa potrzeby usprawiedliwiania się lub tłumaczenia wobec innych osób. Wysłuchuje opinii innych, ale żyje w zgodzie z własnymi myślami, uczuciami, wartościami i ideami. Jest to człowiek ciepły, miły, wesoły, czarujący i często mówi się o nim, żc ma „w pełni dojrzałą i zintegrowaną osobowość". Osoba taka nie czuje, że musi cokolwiek komuś udowadniać. Osiągnięcie takiego stanu osobistej siły i pewności siebie powinno być celem każdego.

ZRÓB TO TERAZ!

Wyobraź sobie, że jesteś bogatym, pełnym sukcesów, potężnym i popularnym człowiekiem. Stwórz w myślach taki obraz siebie, jakbyś osiągnął już wszystko to, co chciałeś i planowałeś i jakbyś stał się całkowicie niezależny.

Jak byś się czuł, gdybyś był tą najwspanialszą osobą, jaką możesz sobie wyobrazić? Jak byś traktował innych ludzi, swoich kolegów, współpracowników i przełożonych?

Rozdział 9

POCAŁUJ SWOJE PASKUDNE ŻABY I POŻEGNAJ SIĘ Z NIMI

Rozważając, co powstrzymuje cię przed staniem się tym, kim możesz się stać, warto się zastanowić nad uczuciami *winy i braku godności*. Jeśli nie nauczysz się ich pozbywać, mogą zniszczyć wszystkie twoje nadzieje i plany związane z osiągnięciem sukcesu i szczęścia.

Poczucie winy jest wyuczone

Dzieci nie rodzą się z poczuciem winy. Poczucie winy, którego doświadczasz jako dorosły, zostało ci przekazane przez rodziców, rodzeństwo i inne osoby w miarę dorastania. Poczucie winy jest nabyte – nauczyłeś się je odczuwać. Równie dobrze można więc się tego oduczyć. Zazwyczaj rodzice wywołują poczucie winy u swoich dzieci, ponieważ ich rodzicie robili dokładnie to samo wobec nich, a jeszcze wcześniej robili to samo dziadkowie. Całe pokolenia posługiwały się wywoływaniem poczucia winy. I stało się to tak normalną częścią kontaktów interpersonalnych, że zazwyczaj ludzie w ogóle nie są świadomi tego, że wzbudzają w innych poczucie winy. Praktyki niektórych kościołów opierają się na takich negatywnych instrumentach. Także w systemach opartych na ideologii socjalizmu czy komunizmu poczucie winy jest używane systematycznie i świadomie, aby zakwestionować prawdziwe emocje, zniszczyć osobowość i spowodować, by – za pomocą poczucia winy – ludzie dawali się łatwiej kontrolować.

Moc, jaka w nim tkwi, jest nowa z natury i tylko on wie, co może zrobić, ale nie dowie się, póki nie spróbuje.

Ralph Waldo Emerson

Manipulacja i kontrola

Gdy ktoś świadomie wywołuje w innych poczucie winy, robi to, by osiągnąć jeden z dwóch celów: by manipulować albo kontrolować. Przez wieki ludzie (a wśród nich też rodzice) odkrywali, że jeśli wzbudzą w innych osobach poczucie winy, to mogą je kontrolować, a potem również zmanipulować je tak, by coś zrobiły albo nie zrobiły. Z powodu tych właśnie funkcji wina jest emocją negatywną i podstępną – niszczy człowieka od wewnątrz i obniża jego odporność na kontrolę ze strony innych.

Dzieci stają się podatne na poczucie winy w wyniku ostrej krytyki i braku miłości. Dodatkowo, jeżeli dzieciom mówi się, że są niedobre czy głupie, albo podkreśla rozczarowanie ich zachowaniem – szybko zaczną też rozwijać w sobie poczucie braku wartości.

Lepsze i gorsze

Gdy dzieci są ciągle krytykowane, szybko zaczynają *krytykować siebie*. Ten samokrytycyzm prowadzi do negatywnego porównywania się z innymi. Dzieci widzą wokół siebie tych, którzy lepiej niż one radzą sobie w sporcie, nauce czy w innych dziedzinach. Ponieważ mają poczucie mniejszej wartości, wyciągają naturalny – według siebie – wniosek, że osoba, która lepiej sobie radzi w jakiejś dziedzinie, jest lepsza od nich.

Po takich negatywnych porównaniach z innymi ci, którzy odczuwają poczucie winy, wyciągają wniosek: „Jeśli ktoś wykonuje coś lepiej niż ja, to ta osoba musi być *więcej* warta niż ja. Jeśli ta osoba jest więcej warta, to ja muszę być mniej warty lub w ogóle *bez wartości*".

Z tego powodu intensywne poczucie winy prawie nieuchronnie prowadzi do poczucia *braku wartości*. Osoba, która czuje się mało warta, słaba czy poniżona, zamienia się w człowieka niepewnego, pesymistycznie nastawionego do życia, odczuwającego złość i niezadowolenie. Więźniowie, na przykład, mają bardzo często zerowe poczucie wartości i niską samoocenę. Wielu z nich pamięta ojca czy matkę, którzy powtarzali im ciągle, że zachowują się źle i skończą w więzieniu.

Syndrom ofiary

Poczucie winy prowadzi szybko do postrzegania siebie jako *ofiary* – ofiary życia, okoliczności, losu, społeczeństwa i innych czynników zewnętrznych. Uczucie to wyraża się słowami: „Nie jestem wystarczająco dobry". Osoby, które tego doświadczają, ciągle porównują się z innymi, mówiąc sobie: „Nie jestem aż taki mądry", „Nie mam wystarczającego talentu",

„Nie mam wystarczających zdolności", „Nie mam kompetencji", „Nie potrafię!, Nie potrafię!, Nie potrafię!".

ZRÓB TO TERAZ!

Wina prowadzi często do poczucia, że musisz się zajmować uczuciami czy potrzebami innych, zanim zajmiesz się swoimi. Wydaje ci się, że musisz prosić innych o pozwolenie lub zgodę, zanim podejmiesz jakąś decyzję. Przewiduj sytuacje, w których ktoś może wywołać w tobie poczucie winy, i zawczasu zakreśl granice.

Na przykład Christina dawniej zgadzała się na udział w spotkaniach towarzyskich męża, nawet wtedy, gdy jej to nie odpowiadało. Czuła się z tego powodu niezadowolona, ale wychodziła z mężem tylko dlatego, że miałaby poczucie winy, jeśliby postawiła swoje potrzeby na pierwszym planie. Obecnie stawia wyraźne granice, zanim dojdzie do takich sytuacji. Jej mąż wie, że musi najpierw spytać ją, czy ma ochotę, na przykład, na spotkanie, a potem ona podejmuje decyzję, czy będzie w nim uczestniczyć, czy nie. Dzięki temu respektują siebie nawzajem, a o poczuciu winy nie ma obecnie mowy.

Unikaj języka ofiary

Gdy ludzie doświadczają często poczucia winy, braku godności i mniejszej wartości, wzmacniają je jeszcze, używając *języka ofiary*. Sposób, w jaki do siebie mówisz – twój wewnętrzny dialog

– decyduje w 95 procentach o sposobie, w jaki o sobie myślisz, i o twoim samopoczuciu. Dialog wewnętrzny osób odczuwających poczucie winy, które widzą siebie jako ofiary, jest pełen narzekania na inne osoby, krytykowania i obwiniania ich.

W pracy i w relacjach z innymi mówią często: „Spróbuję", „Zrobię najlepiej, jak tylko potrafię", co w zasadzie jest tylko usprawiedliwianiem błędu, który *nastąpi w przyszłości.* Jeśli używają takich właśnie słów, to wiesz, że nie uda im się to, o czym mówią, a wynikiem będzie rozczarowanie. Oni też o tym wiedzą. Tak jak Yoda w filmie „Gwiezdne wojny", który powiedział: „Rób to albo nie rób. Nie ma miejsca na próby".

Krytykowanie i narzekanie to również język ofiar. Gdy krytykujesz i narzekasz to, po pierwsze, stawiasz się w pozycji ofiary wobec tych, na których narzekasz i których krytykujesz.

Ludzie, którzy czują się ofiarami, ciągle się z czegoś *tłumaczą*. Wyjaśniają i próbują usprawiedliwić się, dlaczego czegoś nie spróbowali, dlaczego nie chcieli czegoś osiągnąć, nie byli punktualni, nie wypełnili swoich obowiązków i nie wykonali pracy, do której wykonania się zobowiązali. Cały czas uważają siebie za ofiary i nic nie jest ich winą.

Uwolnij się od poczucia winy

Oto cztery proste kroki, które pomogą ci uwolnić się od poczucia winy, którym przypuszczalnie obarczono cię jeszcze w latach dzieciństwa.

Krok pierwszy: Od tej chwili nigdy nie krytykuj siebie z jakiegokolwiek powodu. Nigdy nie mów o sobie czegoś, co nie jest prawdą lub co chciałbyś, aby prawdą było. Pamiętaj, że najmocniejsze i najważniejsze słowa w twoim słowniku to słowa, które mówisz sam do siebie i w które wierzysz. Dopilnuj, aby były to słowa pozytywne i podtrzymujące.

Najlepsze słowa, jakie możesz do siebie mówić i nawet powtarzać je „w kółko", to: „Lubię siebie!" i „Potrafię to zrobić!" oraz „Jestem odpowiedzialny!". Nie jest możliwe powtarzanie tych stwierdzeń i doświadczanie równocześnie poczucia winy i negatywnego stosunku do siebie.

Krok drugi: *Postanów sobie, że nigdy nie będziesz krytykował nikogo* z żadnego powodu. Wyeliminuj destrukcyjny krytycyzm ze swojego słownika. Bądź osobą, która nigdy nie wypowiada słów zniechęcających.

Niech od teraz twoim przyzwyczajeniem będzie ciągłe wyszukiwanie pozytywnych stron w innych ludziach i komplementowanie ich. Kiedykolwiek powiesz coś miłego innej osobie, obojętnie z jakiej przyczyny, podwyższasz od razu samopoczucie i pewność siebie tej osoby. Gdy podwyższasz samopoczucie i poczucie własnej wartości drugiego człowieka, równocześnie podobnemu podwyższeniu ulega twoje poczucie własnej wartości.

Krok trzeci: *Nie stosuj wzbudzania poczucia winy u innych ludzi*, obojętnie jaka by była tego przyczyna. Skasuj słowo „wina" w swoim słowniku. Nie używaj go wobec rodziny i przyjaciół. Nigdy nie wywołuj poczucia winy u innych z powodu tego, co zrobili lub czego nie zrobili.

Największy podarunek, jaki możesz dać innym, to *bezwarunkowa miłość i akceptacja*. Oznacza to, że nigdy ich nie krytykujesz. Masz ich tylko chwalić, akceptować, a w najgorszym razie zachować milczenie.

Krok czwarty: *Nie pozwól, aby manipulowano tobą za pomocą poczucia winy*. Od dzisiaj odrzucaj wszelkie próby wywołania w tobie poczucia winy, niezależnie od tego, jaka by była przyczyna.

Jeśli twoja matka, ojciec lub ktoś inny próbuje wywołać w tobie poczucie winy, po prostu zapytaj: „Chyba nie próbujesz wywołać we mnie poczucia winy?" – a potem zamilknij.

Większość ludzi nie przyzna się do próby manipulowania innymi za pomocą poczucia winy. Prawdopodobnie usłyszysz w odpowiedzi: „Oczywiście, że nie".

Ale jeśli zapytasz: „Czy próbujesz wywołać we mnie poczucie winy?", a druga osoba odpowie: „Tak, próbuję", to po prostu odpowiedz: „To ci się nie uda, to na mnie nie działa".

Ludzie, którzy są przyzwyczajeni do manipulowania tobą za pomocą poczucia winy, zareagują w niesamowity sposób, gdy usłyszą, że to już nie będzie działać. Wywoła to w nich równocześnie złość i zmieszanie. Ale gdy zorientują się, że próby wzbudzania poczucia winy nie zmieniają twego zachowania, wtedy sami zaczną się zmieniać i reagować w bardziej pozytywny sposób. Spróbuj, a zobaczysz, że to działa.

Twoim głównym celem w życiu musi być wyeliminowanie negatywnych emocji wszelkiego rodzaju. Dwa najważniejsze zwroty, które najlepiej budują twoje pozytywne podejście, to: „Lubię siebie!" i „Jestem za siebie odpowiedzialny!".

Im bardziej siebie polubisz, tym więcej odpowiedzialności będziesz mógł zaakceptować. Im więcej odpowiedzialności zaakceptujesz, tym więcej będziesz się lubić. Powstaje tu sprzężenie zwrotne, które działa na twoją korzyść.

ZRÓB TO TERAZ!
Zidentyfikuj jedną osobę, która manipuluje tobą, wzbudzając w tobie poczucie winy, i postanów, że nie poddasz się temu negatywnemu podejściu następnym razem, gdy będzie tego próbować. Możesz wcześniej określić granicę, do jakiej pozwolisz jej dojść. Jeśli, na przykład, ktoś przedłuża zebrania w firmie ponad ustalony czas, daj mu na to piętnaście minut. Zapowiedz, że za piętnaście minut musisz wyjść lub robić coś innego, i po tym czasie rzeczywiście opuść zebranie.

Gdy uda ci się przełamać syndrom poczucia winy w kontaktach z jedną osobą, dużo łatwiej będzie ci kontynuować to również z innymi ludźmi.

W naturze ludzkiej leży sprawdzanie granic wytrzymałości danej sytuacji lub relacji i przesuwanie ich tak daleko, jak tylko się da. Najlepszą metodą ochrony przed tymi Żabami, które wysyłają ludzie posługujący się poczuciem winy, jest określenie własnych granic już na początku. Ustal, w jakim stopniu czujesz się dobrze – emocjonalnie i fizycznie – w kontaktach z innymi ludźmi. Gdy masz ustalone jasno granice, ludzie mogą próbować je przesuwać, ale w końcu zaakceptują twoje ustalenia. Gdy obszary twoich granic są niejasne, ludzie często będą je przesuwać, starając się uzyskać od ciebie, ile się tylko da. Jasne ustalenie granic to podstawa.

ZRÓB TO TERAZ!

Jeśli nie możesz się spotkać twarzą w twarz z osobą, która wywołuje u ciebie poczucie winy, spróbuj następującego ćwiczenia: usiądź naprzeciwko pustego krzesła i wyobraź sobie, że ta osoba siedzi na nim. Powiedz jej, jak się czujesz i powiedz, że nie pozwolisz jej wywoływać w tobie poczucia winy. Powiedz, że będzie musiała teraz podjąć odpowiedzialność za własne życie, uczucia i doświadczenia. Powiedz, że zamierzasz zająć się teraz sobą i robić to, co tobie daje szczęście. Jeśli ci to pomoże, możesz postawić na krześle fotografię tej osoby. Jeżeli pomysł mówienia do pustego krzesła wydaje ci się niewłaściwy, spróbuj przeprowadzić tę rozmowę z kimś, z kim czujesz się dobrze.

Rozdział 10

OCZEKUJ OD SWOJEJ ŻABY TEGO, CO NAJLEPSZE

Główną przyczyną tego, że ludzie czują się nieszczęśliwi, jest dziś to, że ciągle noszą w sobie złość wobec kogoś, kto kiedyś, w przeszłości, coś im zrobił lub nie zrobił. Nadal nie przebaczyli tej osobie zła, które wyrządziła, lub błędów, które popełniła.

Rozwój osobowości

Gdy byłeś dzieckiem, rodzice troszczyli się o ciebie. Karmili cię, kąpali, ubierali, zawozili i odbierali ze szkoły – opiekowali się tobą. Większość dzieci ma więc uczucie, że są otoczone ramionami potężnego opiekuna, który wszystko wie, wszystko potrafi i jest chodzącą mądrością. W związku z tym dzieci oczekują, że zawsze będą żyć w rozsądnym, logicznym i sprawiedliwie urządzonym wszechświecie, w którym ich wszystkowiedzący rodzice troszczą się o nie, chronią je i podejmują za nie najlepsze decyzje.

Jeśli wprowadzisz do swego umysłu obraz jasnej i szczęśliwej przyszłości, znajdziesz się w położeniu prowadzącym do twego celu.

Norman Vincent Peale

Zgodnie z opinią Jeana Piageta, znawcy specyfiki rozwoju dziecka, autora pracy *The Construction of Reality in Child* (Budowanie rzeczywistości przez dziecko)*, dzieci wzrastają i dojrzewają, przenosząc się na coraz bardziej złożone poziomy rozumienia ludzkiego współdziałania. Na czwartym poziomie tego procesu rozwoju, we wczesnym dzieciństwie, dzieci oczekują, że wszystko będzie *uczciwe i sprawiedliwe*. Gdy zdarzy im się, z jakiejkolwiek przyczyny, zauważyć lub doświadczyć niesprawiedliwości – w ich rozumieniu – świata, mogą stać się pełne złości i rozczarowane. Ocenią to wtedy z mocą: „To nie jest w porządku!".

Wiele negatywnych emocji ma swoje źródło we frustracji oczekiwań, z którą mamy do czynienia, gdy wydarzenia nie przebiegają tak, jak dana osoba się spodziewa. W wyniku tego osoba ta wybucha i żąda, by jej oczekiwania zostały spełnione. Gdy sytuacja się nie poprawia, zgodnie z jej życzeniami staje się jeszcze bardziej zła, sfrustrowana i myśli sobie: „To nie jest w porządku!".

Oczekiwanie na założony rezultat jest niebezpieczne. Wydaje nam się, że gdy ustalimy nasze oczekiwania, to w jakimś sensie możemy kontrolować przyszłość, ale przecież jest ona – choćby w części – nieprzewidywalna. Warto więc stosować się

* Jean Piaget, *The Construction of Reality in Child*, Random House, New York 1954.

do zasady: należy wiedzieć, czego się chce, ale mieć elastyczne podejście do procesu osiągania swego celu. Nie oczekuj, że wydarzenia będą przebiegały *dokładnie* tak, jak byś tego chciał. Wtedy nie będziesz rozczarowany, gdy przebiegają one inaczej, a zazwyczaj tak się właśnie dzieje.

Żyj i ucz się

Gdy dzieci dojrzewają, uczą się, że życie nie jest biało-czarne, lecz że są w nim również obszary szarości. Uczą się, obserwując dobre i złe sytuacje, które wynikają z decyzji podejmowanych przez rodziców.

Jednak wiele dzieci *zatrzymuje się* na jakimś szczególnym poziomie rozwoju emocjonalnego, oczekując, a nawet żądając, by życie zawsze było sprawiedliwe, jasne, logiczne i przewidywalne. Mogą potem wyrosnąć na dorosłych, którzy będą żądać tego samego. Tacy dorośli w obliczu „niesprawiedliwości" wpadają w złość, są sfrustrowani i często popadają w depresję.

Jedną z bardzo ważnych cech, które należy rozwinąć, jest więc umiejętność tolerowania frustracji. Wielu rodziców czeka cierpliwie i obserwuje, gdy ich dzieci próbują robić coś same. Inni są skłonni do szybkiej pomocy – nie pozwalają dzieciom na chwilę frustracji i użycie własnego krytycznego myślenia do rozwiązania problemu. Tak traktowane dzieci mogą nigdy nie nauczyć się tolerowania frustracji i rozwiązywania własnych problemów. Gdy rzeczy układają się niezgodnie z oczekiwaniami, często stają się złośliwe i niegrzeczne.

Faktem jest, że ludzie *nie są doskonali*. Żadna jednostka i żadna organizacja składająca się z jednostek nie jest doskonała. Wszyscy popełniamy błędy. Czasami robimy bezsensowne, głupie, a nawet okrutne rzeczy. Taki jest świat – taki zawsze był. Oczekiwanie czegoś innego to skazywanie się na własną prośbę na wieczną frustrację i uczucie niezadowolenia.

Wielu ludzi, dorastając, uważa, że świat i życie powinno im się układać w jakiś szczególny sposób. Jeśli tak się nie dzieje, zamiast dopasować się i dostosować do sytuacji, stają się źli i sfrustrowani, próbując zmienić okoliczności zewnętrzne, tak aby dopasowały się do ich oczekiwań lub starając się zmuszać innych ludzi, aby zachowywali się zgodnie z ich oczekiwaniami.

Świat, w którym żyjemy

Opinia, że świat musi być uczciwy i sprawiedliwy – choć definicje tego, co jest uczciwe i sprawiedliwe, ulegają ciągłym zmianom i nigdy nie są jasno określone – prowadzi do negatywnych emocji, które wywołują osobiste, polityczne i ogólne niezadowolenie. Wielu ludzi żyje w stanie ciągłego niezadowolenia, ponieważ uważają, że życie nie jest wobec nich fair i że ktoś jest temu winien. Prowadzi to do rozwinięcia dwóch najgorszych negatywnych emocji: zazdrości i urazy, zawsze skierowanych przeciwko komuś, kogo uważa się za winnego „tego wszystkiego".

Zazdrość i uraza, nawet gdy skierowane są do innych, mają swoje źródło w głębokim poczuciu niedopasowania i niższości osoby, która te emocje odczuwa. Zazdrość i uraza chodzą razem ramię w ramię, jak bliźnięta. Te dwa negatywne uczucia nawzajem się podtrzymują i wspomagają.

Najgorsze z siedmiu grzechów głównych

Zazdrość jest jednym z „siedmiu grzechów głównych", które nie dają żadnej nagrody osobie ją odczuwającej. Ktoś może zazdrościć innej osobie, nosić w sobie ogromną złość wobec niej, a nawet tę złość uzewnętrzniać, ale nie ma to żadnego wpływu na obiekt tych uczuć i nie daje żadnej nagrody ani nie sprawia przyjemności osobie opanowanej zazdrością.

Człowiek uczy się odczuwać zazdrość od rodziców lub innych bliskich osób, gdy ciągle słyszy, że ludzie, którzy odnieśli większy sukces lub mają szczęście w życiu, są w zasadzie źli i nieuczciwi. To tak, jakby powiedzieć, że niektórzy są chorzy, ponieważ inni są zdrowi.

W naszym społeczeństwie zazdrość jest podstawą większości społecznych i politycznych decyzji – zarówno na poziomie narodowym, jak i międzynarodowym. Zazdrość zostaje zazwyczaj skierowana przeciwko innym, przeciwko „wrogowi", któremu powodzi się lepiej, niż osobie, która męczy się tym uczuciem. Ci ludzie nazywani są zazwyczaj „bogaczami".

Ponieważ – jak wynika z definicji – ludzie sukcesu są źli, należy ich w jakiś sposób ukarać. Szczególnie negatywną cechą zazdrości jest to, że nigdy nie daje satysfakcji. Jeżeli ulega jakimś zmianom, to co najwyżej wzmocnieniu. Ponadto wywołuje dużo więcej szkód u osoby, która oddaje się tej emocji, niż u osoby czy grupy, do której jest skierowana.

Podziw a zazdrość

Podziwianie czegoś, co druga osoba osiągnęła lub wykonała, to nie to samo, co zazdrość. Podziw jest uczuciem pozytywnym. Pożądanie rzeczy, które osiągnęli inni ludzie, ma charakter mobilizujący do większej pracy i osiągnięcia sukcesów w swojej dziedzinie. Pożądanie większego sukcesu i osiągnięć wyzwala najlepsze strony u danej osoby. Zgodnie z prawem przyciągania podziwianie osiągnięć innych może wywołać pozytywne efekty w twojej działalności. Daje ci pozytywną energię, która może przywołać do twojego życia możliwość osiągnięcia sukcesu podobnego do sukcesu innych.

Z kolei prawo odpychania stanowi, że najgorszą rzeczą, jaką możesz robić, to zazdrościć lub żywić urazę wobec innych osób. Gdy to robisz, wywołujesz negatywne emocje, które oddalają od ciebie osiągnięcie sukcesu i szczęścia. Niezrozumienie tych dwóch podstawowych koncepcji jest ważną przyczyną frustracji, niepowodzeń i nieszczęścia w życiu wielu ludzi. Myśląc negatywnie o innych, w gruncie rzeczy sabotują własne życie.

Niezadowolenie niszczy cię od środka

Bliźniaczą siostrą zazdrości jest żywienie urazy. Powstaje wtedy, gdy ludzie uważają, że ktoś inny osiągnął więcej lub ma lepsze warunki życia niż oni. Niektóre filozofie polityczne wręcz wymagają ***wroga*** – kogoś, komu można zazdrościć. Uraza może być skierowana wobec tych właśnie osób i usprawiedliwia decyzje polityczne lub działania szefów partii i ich zwolenników. Nie pozwól jednak, aby emocjonalna pułapka żywienia urazy miała wpływ na twoje życie tylko dlatego, że słuchasz innych.

Kluczem do wyeliminowania negatywnych uczuć zazdrości i urazy jest następujące podejście: *zawsze chciej dla innych tego, czego chcesz dla siebie*. Jeśli niektórym ludziom powodzi się lepiej niż tobie, życz im dobrze i podziwiaj ich sukces.

Myśl raczej o tym, co ty mógłbyś zrobić, aby osiągnąć to samo. W ten sposób wyzwolisz siłę i pozytywną energię, która przyciągnie do twojego życia pomysły, ludzi i zasoby. Pomogą ci osiągnąć ten sam sukces, który podziwiasz u innych.

ZRÓB TO TERAZ!
Pomyśl o jednej lub kilku osobach, które podziwiasz z powodu ich osiągnięć i sukcesów. Czego możesz się od nich, nauczyć – tak aby twoje życie było pasmem większych sukcesów? Postanów sobie, że od dzisiaj nigdy nie będziesz zazdrościć lub czuć niezadowolenia wobec osób, które osiągnęły większy sukces niż ty.

Rozdział 11

UWOLNIJ SIĘ OD BÓLU

Celem twojego życia jest być szczęśliwym, radosnym i emocjonalnie wolnym człowiekiem tak długo, jak to możliwe. Dlatego musisz się pozbyć starego bagażu negatywnych uczuć, które ciągną cię w dół jak ołów i powstrzymują przed osiągnięciem wszystkiego tego, co jest dla ciebie możliwe.

Być może najważniejszą zasadą sukcesu i szczęścia jest zasada, którą nazwałem „prawem przebaczania": jesteś dojrzały psychicznie w takim stopniu, w jakim potrafisz dobrowolnie przebaczyć i zapomnieć o wszelkich negatywnych doświadczeniach. I nie oznacza to, że nie powinieneś wyciągnąć

Każde doświadczenie, które przeżywamy, działa w końcu na naszą korzyść. Widzenie go w takim właśnie świetle jest właściwym podejściem.

Raymond Holliwell

cennej lekcji z doświadczeń nieudanych. Ale oddziel ziarno od plew: przyjmij te lekcje do serca i zapomnij o reszcie. John F. Kennedy powiedział kiedyś: „Przebacz swoim wrogom, lecz nigdy nie zapomnij ich nazwisk".

Prawie wszystkie wielkie religie świata podkreślają wagę przebaczania jako klucza do wewnętrznego spokoju. Jeśli nie potrafisz przebaczać, utkniesz na niższym poziomie szczęścia i zadowolenia. Wciąż będziesz czuł ograniczenia z powodu tego, że nie chcesz czy nie możesz puścić w niepamięć dawno doznanej krzywdy.

Zgodnie z prawem zastępowania możesz świadomie zdecydować, że będziesz myśleć o przebaczaniu, co uwolni twój umysł i zastąpi myśli związane z gniewem lub cierpieniem, które nadal powodują, że czujesz się nieszczęśliwy.

Dwa mechanizmy w twoim umyśle

Sprawa nie jest jednak tak prosta: nasz umysł może bowiem uruchomić zarówno mechanizm sukcesu, jak i mechanizm niepowodzenia. Mechanizm sukcesu „włącza się", gdy mamy pozytywne, powiązane z miłością i przebaczaniem myśli. Innymi słowy, kiedy mamy pozytywne podejście do siebie i innych ludzi oraz gdy koncentrujemy się na naszych zadaniach. Te pozytywne myśli wymagają ustawicznego, świadomego, ukierunkowanego wysiłku z naszej strony. Nie są one kwestią przypadku, lecz ***wyboru.***

Mechanizmy niepowodzenia „włączają się", niestety, automatycznie, gdy przestajesz myśleć o tym, czego chcesz. Oznacza to, że jeśli *świadomie* nie wybierzesz myśli pozytywnych, umysł „włączy" automatycznie myśli, które wywołują uczucie nieszczęścia i niezadowolenia.

Zgodnie jednak z prawem przyzwyczajenia, jeśli będziesz skupiał umysł na myśleniu pozytywnym, po jakimś czasie zacznie się ono włączać automatycznie, stanie się nawykiem. A gdy pozytywne myślenie stanie się twoją drugą naturą, pojawią się także pozytywne uczucia wobec siebie i całego życia.

ZRÓB TO TERAZ!
Przez jeden dzień noś przy sobie mały notatnik. Gdy tylko zauważysz, że myślisz o czymś negatywnie, zatrzymaj się i postaraj się usunąć te myśli, uruchamiając myślenie pozytywne. Zanotuj, czego te myśli dotyczyły. Notuj za każdym razem, gdy musisz dokonywać tych wyborów, i zapisuj wszelkie spontaniczne uczucia, których doświadczasz, kiedy zamieniasz myśli negatywne na pozytywne.

Wielu ludzi automatycznie karmi się negatywnymi myślami, gdyż jest to sposób na zabezpieczenie się przed rozczarowaniem lub jakimś bólem emocjonalnym. Myśląc negatywnie, przygotowują się na najgorsze, co jest wynikiem doświadczeń z przeszłości. Na szczęście można się tego *oduczyć*, jeśli świadomie popracujesz nad tym, aby zmienić swoje myślenie, a co za tym idzie – także reakcje.

Naucz się przebaczać

Jak mówiliśmy wcześniej, główną przyczyną nieszczęść ludzi w dzisiejszych czasach jest to, że nie potrafią przebaczać innym błędów lub zła, które ci im wyrządzili.

Świadomie podjęta decyzja o przebaczaniu jest podstawą, która umożliwia przejście z wewnętrznego stanu dziecka do stanu dorosłego. Gdy przebaczasz, uwalniasz się od negatywnych emocji i poczucia winy, a jednocześnie uwalniasz od tych emocji innych ludzi. Pozbywasz się bagażu przeszłości i uwalniasz swój potencjał, aby realizować nowe plany.

Przebaczenie to klucz do radości, szczęścia i wewnętrznego spokoju. Twoja zdolność do przebaczania innym ludziom jest oznaką tego, że dobrze funkcjonujesz jako człowiek.

Największe osobowości na przestrzeni dziejów to ci, którzy nie odczuwali wrogości wobec nikogo, z jakiegokolwiek powodu. Twój cel pozostaje taki sam.

Przebaczanie jest całkowicie osobiste

Niektórzy myślą, że przebaczanie innej osobie oznacza zaakceptowanie jej zachowania lub jej złych czy okrutnych czynów. Wydaje im się, że przebaczając, pozwalają innej osobie uwolnić się od odpowiedzialności, choć jest oczywiste, że ta osoba wyrządziła krzywdę czy popełniła okrutny czyn. Zapamiętaj jednak: przebaczenie nie ma nic wspólnego z drugą osobą. Dotyczy tylko ciebie. Przebaczanie jest aktem absolutnie samolubnym – przebaczając innym, to nie ich uwalniasz, lecz siebie.

Twoja odmowa przebaczenia nie wpływa w żaden sposób na drugą osobę. Ciągłe odczuwanie złości wobec niej powoduje tylko uczucie nieszczęścia i depresji w tobie samym. Gdyby osoba, na którą jesteś zły, wiedziała, że czujesz się źle, pielęgnując negatywne myśli o niej, byłaby prawdopodobnie zadowolona. Czy to jest twoim celem?

Największy problem twego życia

Mówi się, że 85 procent naszych problemów wynika z relacji z innymi ludźmi. Prawie wszystkie negatywne emocje – szczególnie gniew i poczucie winy – są powiązane z jedną czy kilkoma innymi osobami. Kiedy zapytasz człowieka, jaki jest jego największy problem, zmartwienie albo obawa, odpowiedź prawie zawsze dotyczyć będzie problemów z innymi ludźmi: tego, co zrobili, lub co robią w tej chwili.

Podczas seminariów dotyczących rozwoju osobistego i efektywności w pracy Jim Newman posługiwał się ciekawą metaforą. Tłumaczył, że wszyscy mamy – gdzieś w okolicach klatki piersiowej – wiele *zielonych* i *czerwonych przycisków*, które wywołują przyjemne albo nieprzyjemne wspomnienia. Kiedy naciskamy zielony przycisk, niejako z przyzwyczajenia wywołujemy uśmiech i czujemy się szczęśliwi. Kiedy naciskamy czerwony przycisk, ogarnia nas złość i możemy nawet chcieć kogoś uderzyć.

Zielone przyciski uruchamiają przyjemne wspomnienia i myśli o ludziach, których kochaliśmy czy kochamy, z którymi lubimy się kontaktować – na przykład o żonie czy mężu i dzieciach. Do czerwonych przycisków przypisane są wspomnienia i myśli o ludziach, którzy cię zranili, wobec których odczuwasz złość, gdy tylko usłyszysz ich imiona.

Przeprogramuj swoje przyciski

Jim uczył, że kluczem do przejęcia całkowitej kontroli nad emocjami jest przeprogramowanie tych przycisków w taki sposób, żeby naciskając także na któryś z czerwonych, uruchamiać pozytywne wspomnienia i myśli zamiast negatywnych.

Ponieważ nasze emocje działają z ogromną prędkością, nie jesteśmy w stanie ich kontrolować, gdy zostaną „włączone" przez pamięć o negatywnych zdarzeniach czy odczuciach. Musisz zaprogramować je wcześniej. Możesz to zrobić, mówiąc: „Kiedykolwiek pomyślę o tej osobie, będę pamiętał tylko dobre sprawy, złe przebaczam i zapominam".

Odkryliśmy, że kluczem do przebaczania jest prosta formuła: „Boże, błogosław mu; ja mu przebaczam i życzę wszystkiego dobrego" czy „Boże, błogosław ją; przebaczam jej i życzę jej wszystkiego dobrego".

Nie jest możliwe odczuwanie wobec kogoś złości, gdy jednocześnie modlimy się za tę osobę i życzymy jej dobrze. Gdy powtórzysz te słowa wielokrotnie, w praktyce przeprogramujesz swoje emocje. Nie minie wiele czasu, a twoje negatywne emocje, łączące się z tą osobą, zanikną. I gdy poprzednio sama myśl lub wyobrażenie o niej powodowało u ciebie złość, teraz twoja reakcja będzie neutralna – nie poczujesz niemal niczego.

Tak więc od dzisiaj, gdy tylko przyjdzie ci na myśl wspomnienie lub imię tej osoby, od razu powiedz: „Boże, błogosław jej; ja jej przebaczam i życzę jej dobrze". Gdy to zrobisz, uwolnisz się od złych myśli i będziesz mógł się skupić na wspaniałościach życia, które na ciebie czekają.

Sztuka przebaczania

Sztuka przebaczania jest kluczem do twojej przyszłości. Od dziś, gdy myślisz o kimś, kto nadal wywołuje u ciebie uczucie niezadowolenia czy złości, użyj swojej wspaniałej inteligencji, aby odkryć przyczyny, dla których warto mu przebaczyć i zapomnieć o przeszłości. Zamiast przypominać sobie ciągle o tym, jakie krzywdy wyrządziła ci ta osoba, pamiętaj o regule

„błogosławię, przebaczam i zapominam". Szybko stanie się to twoim przyzwyczajeniem i cała twoja osobowość zmieni cię na lepsze.

Pamiętaj, że pielęgnowanie w sobie złości na coś, co wydarzyło się kiedyś i nie może być zmienione, nie wymaga wiele inteligencji. Dużo większej inteligencji wymaga natomiast zastosowanie zasady „błogosławię, przebaczam i zapominam" i uwolnienie się od przeszłości.

ZRÓB TO TERAZ!

Wypisz imiona trzech–pięciu osób, które zraniły cię w przeszłości, na które wciąż jesteś zła albo zły i którym nie wybaczyłaś albo nie wybaczyłeś. Myśląc teraz o każdej z tych osób, powiedz sobie: „Postanawiam zapomnieć o tym, że .... i przebaczam wszystko, co się wydarzyło". Zauważ, o ile lepiej się poczujesz, kiedy to powiesz.

Cztery grupy ludzi, którym musisz przebaczyć

Gdy na naszych seminariach mówimy o przebaczaniu, prawie wszyscy zgadzają się, że to dobre rozwiązanie. Słuchacze kiwają głowami, uśmiechają się i mówią, że w przyszłości będą z łatwością przebaczać wszystkim, którzy ich zranili. Jednak gdy dochodzimy potem do konkretnych osób, którym potrzebujemy przebaczyć, pojawiają się często blokady emocjonalne.

Jeśli chcesz być rzeczywiście szczęśliwy, musisz nauczyć się przebaczać czterem grupom ludzi. Są to: twoi rodzice, osoby, z którymi łączą cię bliskie relacje, pozostałe osoby i ty sam.

Twoi rodzice

Pierwszymi osobami, którym trzeba przebaczyć, są twoi rodzice. Wielu dorosłych, pomimo upływu lat, ciągle odczuwa wobec nich złość z powodu tego, co dawniej zrobili lub czego nie zrobili. Oczekiwali kiedyś, że rodzicie zachowają się w jakiś szczególny sposób, a rodzicie postępowali inaczej.

Jak długo chcesz zachować złość?

W czasie seminarium w Orlando, Brian poszedł na lunch z Billem, jednym z uczestników. Bill opowiedział Brianowi o swojej byłej żonie, z którą rozwiódł się po ponad dwudziestu latach małżeństwa. Żyjąc z nią, doświadczał często negatywnych uczuć, bywał zły i bardzo narzekał na swoją sytuację, aż w końcu postanowił, że nie ma zamiaru spędzić reszty życia z tą osobą. Krótko przed seminarium jadł z byłą żoną lunch. Powiedział jej wtedy, że martwi się o jej negatywne podejście do życia, o to, że ciągle wszystkich krytykuje i na wszystko narzeka.

Odparła na to: „Też byłbyś negatywnie nastawiony do życia, gdyby twoja matka traktowała cię tak, jak moja matka traktowała mnie, gdy byłam nastolatką".

Bill powiedział wtedy: „Susan, ty nie mieszkasz ze swoją matką od dwudziestu pięciu lat. Jak długo zamierzasz używać jej jako wymówki dla swoich problemów w wieku dorosłym?".

To bardzo ważne pytanie: Jak długo zamierzasz hołdować złości z powodu czegoś, co wydarzyło się w odległej przeszłości?

Blokada

Wielu ludzi żyje w swego rodzaju mentalnej blokadzie, hołdując ciągle złości na swoich rodziców za coś, co wydarzyło się dawno temu. Czasami ludzie odczuwają tę złość nawet wiele lat po śmierci rodziców. W rezultacie wewnętrznie nadal pozostają na poziomie dzieci. Postrzegają siebie jako ofiary. Czują się źle, są sfrustrowani i często szkodzi to ich relacji w związkach partnerskich czy rodzinnych.

Niezależnie od tego, czy twoi rodzice zmarli, czy żyją, mieszkają w tym samym mieście czy daleko, musisz z własnej woli przebaczyć im wszystko, co zrobili lub powiedzieli i co w jakikolwiek sposób zraniło cię w okresie dorastania. Musisz powiedzieć: „Boże, błogosław im; ja im przebaczam i życzę im dobrze".

Starali się najlepiej, jak mogli

Twoi rodzicie starali się jak najlepiej i robili, co było w ich mocy, biorąc pod uwagę to, kim byli i co mieli. Dali ci swoją miłość. Nie mogli dać ci więcej, niż dali.

Oni też mieli swoje dzieciństwo, które zostawiło piętno na ich wychowaniu. To samo dotyczyło ich rodziców. Nie mogli zrobić tego lepiej, niż zrobili, nie mogli wychować cię w inny sposób.

Tak jak ty nie jesteś doskonały, tak twoi rodzice nie byli doskonali. Mieli swoje obawy i wątpliwości. Popełniali błędy i często robili rzeczy głupie, złośliwe, okrutne. Często działali bezmyślnie. Sprowadzili cię na ten świat z najlepszymi intencjami i wychowywali cię najlepiej, jak potrafili.

Gdy tylko zaczynasz rozmyślać nad czymś, co twoi rodzicie zrobili lub czego nie zrobili, wyobraź sobie, że gdyby byli świadomi tego, że powiedzieli, lub zrobili coś, co wywołało w tobie cierpienie, na pewno czuliby się z tym bardzo źle. W większości przypadków na pewno nie zrobili tego świadomie i ze złą intencją. Jeśli sam masz dzieci, wyobraź sobie, jak byś się czuł, gdyby powiedziały, że ranisz je w jakiś sposób. Prawdopodobnie byłbyś zdziwiony. Nie chciałbyś przecież świadomie sprawiać bólu swoim dzieciom. To samo dotyczy twoich rodziców – oni też tego nie chcieli.

Uwolnij się od przeszłości

Wybacz rodzicom wszystkie błędy, jakie popełnili, wychowując cię, i uwolnij się od przeszłości. Tylko w ten sposób – przebaczając im – możesz uwolnić siebie. Tylko przebaczając swoim rodzicom, możesz stać się w pełni dojrzałym, dorosłym człowiekiem.

Jeden z uczestników seminarium Briana, wysłuchawszy rad na temat rodziców, pojechał do ich domu po pierwszym dniu seminarium, aby zrealizować zalecenia Briana. Będąc w wieku trzydziestu pięciu lat, nadal był wściekły na coś, co jego ojciec zrobił, gdy syn miał lat piętnaście. To ciągle nękające go uczucie złości wpływało również na jego relacje z żoną i dziećmi. Musiał się tego pozbyć.

Serce biło mu mocno, ale wszedł do mieszkania ojca i powiedział: „Tato, czy pamiętasz, co zrobiłeś, gdy miałem piętnaście lat? Chciałem ci tylko powiedzieć, że przebaczam ci to i każdy inny błąd, jaki popełniłeś w czasie mojego dzieciństwa, i kocham cię”.

Jego ojciec był szorstkim, surowym człowiekiem pracy. Spojrzał synowi w oczy i powiedział poirytowanym tonem: „W ogóle nie wiem, o czym mówisz. Nigdy w życiu, nie zrobiłem niczego takiego, co miałbyś mi teraz wybaczać”.

Syn patrzył na ojca zszokowany. Nie był w stanie powiedzieć ani słowa. Nagle zrozumiał, że przez tych dwadzieścia lat był zły i odczuwał niezadowolenie z powodu czegoś, czego ojciec nawet nie pamiętał. Potrząsnął głową, podał rękę ojcu i powiedział „do widzenia". Wyszedł z mieszkania z uczuciem lekkości, pozbywając się ciężaru, który nosił w sercu przez tyle lat.

Napisz list lub odbądź rozmowę

Jeśli twoja relacja z rodzicami była szczególnie zła, a oni jeszcze żyją, możesz napisać do nich list, wyjaśniając im wszystkie te szczegóły, które spowodowały uczucie nieszczęścia czy smutku, gdy dorastałeś. Możesz rozpocząć list słowami: „Chcę wam wybaczyć następujące czyny...". A na końcu listu możesz napisać: „Wybaczam wam wszystko, co się wydarzyło. Kocham was i życzę wam dobrze". Nawet jeśli twoi rodzice już nie żyją, tego rodzaju list może być bardzo pomocny.

Jeśli masz kontakt z rodzicami, postaraj się z nimi spotkać i porozmawiać na temat przeszłości oraz motywów ich działania. Taka rozmowa może uzdrowić relację – pozwoli ci zmienić ocenę minionych wydarzeń i spojrzeć na nie z innej perspektywy. Często bywa tak, że samo zrozumienie sposobu myślenia lub intencji rodziców całkowicie zmienia nasze spojrzenie na dawne zdarzenia. Musisz jednak wyrażać się ostrożnie, z naciskiem na zaciekawienie i wypytywanie o to, jak było, a nie na oskarżanie rodziców, bo mogą wtedy poczuć się zaatakowani i przejść do defensywy.

Christina doradza swoim pacjentom, aby rozmowę z rodzicami rozpocząć od opowiedzenia im o własnych doświadczeniach. Na przykład: „Zastanawiałam się trochę nad sobą i moją przeszłością i teraz jestem świadoma źródła moich uczuć, takich jak .... Pamiętam, że czułam się w ten sposób, kiedy (opis wydarzenia) .... i mam prośbę, abyście pomogli mi lepiej zrozumieć, co się wtedy działo, tak żebym mogła lepiej zrozumieć siebie". Cały czas mów o sobie – nie o nich.

Christina ma przyjaciółkę, która zawsze uważała, że rodzice kochali jej siostrę bardziej od niej. Traktowali siostrę w inny sposób i wydawało się, że mieli z nią lepszą, bliższą relację. Już w dzieciństwie przyjaciółka Christiny odczuwała dużą różnicę między sposobem, w jaki rodzice odnosili się do niej i do siostry.

Musiała więcej pracować, aby zdobyć ich uznanie, lecz nie miała tak wielu przywilejów jak siostra. Z biegiem lat odczuwała to coraz bardziej i jej uczucie krzywdy powiększało się. Zastanawiała się często nad tym, co było w niej takiego złego i dlaczego rodzice nie kochali obu sióstr tak samo. Pewnego wieczoru zdecydowała się na konfrontację i zapytała ich, dlaczego siostra była zawsze uprzywilejowana i co ona sama takiego zrobiła, że rodzice kochali ją mniej niż siostrę?

Rodzice zareagowali szokiem i zdziwieniem na myśl, że mieliby traktować dzieci w różny sposób. Byli absolutnie pewni, że traktowali obie dziewczynki tak samo, i nie rozumieli oskarżeń córki ani jej odczuć. Ona sama wyszła tego wieczoru z ich domu, uświadamiając sobie, że rodzice się nie zmienią i nie zgodzą się z nią co do tego, że była różnica w traktowaniu obu córek. Jednak czuła się dużo lepiej, uspokojona tym, że przekazała im swój punkt widzenia i powiedziała o swoich uczuciach. Wprawdzie oni nie potwierdzili jej podejścia, ale wysłuchali ją, i to było to, czego naprawdę potrzebowała.

Czasami tylko konfrontacja z uczuciem niezadowolenia i wyrzucenie go z siebie może cię uwolnić od złości, jaką jeszcze odczuwasz.

Gdy tylko przebaczysz swoim rodzicom, dokonasz ogromnego kroku. Wykonasz coś, co potrafi niewielu ludzi. Samo przebaczenie rodzicom rozpoczyna proces osobistego uwolnienia się od przeszłości. Poczujesz się lepiej i spokojniej. Zrobisz wewnętrzny ruch od dziecka ku dorosłości.

Związki intymne

Druga grupa ludzi, którym musisz przebaczyć, to ci, z którymi miałeś w przeszłości ***związki intymne***. Właśnie ich intymność powoduje, że jesteśmy niemal bezbronni wobec tych osób. W momentach miłości i uniesienia otwieramy się całkowicie, pokazujemy swoje wnętrze i duszę. Przekazujemy swoje myśli, dajemy swoje ciała w najbardziej intensywnych momentach naszego życia.

Gdy romantyczny związek rozpada się, pozostajemy zazwyczaj z negatywnymi emocjami. Czujemy złość i winę. Odczuwamy zazdrość i urazę, próbujemy sobie różne rzeczy wyjaśniać i racjonalizować. Wymyślamy zarzuty, krytykujemy i potępiamy. Jeśli nie uda nam się przejąć kontroli nad naszymi emocjami, możemy doświadczyć łagodnej, a niekiedy nawet poważnej formy obłędu. Czujemy się tak, jak gdyby nasze życie emocjonalne lądowało w jakiejś czarnej dziurze.

Ale również w tej sytuacji musimy się posłużyć naszym wspaniałym umysłem, aby zneutralizować negatywne emocje i rozwiązać sytuację w taki sposób, aby móc kontynuować życie zgodnie z planami.

Skąd ta zależność

Normalnie nikt nie może mieć kontroli nad tobą, chyba że jest to sytuacja, w której **ty** chcesz czegoś od drugiej osoby. W psychologii mówi się na to często „niezakończone sprawy". Często jesteśmy źli, zdenerwowani z powodu relacji, która minęła, ponieważ niektóre sprawy z nią związane nie zostały zakończone. Jeden z najgorszych przypadków niezakończonych spraw występuje wtedy, gdy jedna osoba jest nadal zakochana i chciałaby ponownie ożywić związek, a druga nie odczuwa już tych emocji i nie jest zainteresowana byłym partnerem. Pozostawiony partner może odczuwać cały skomplikowany splot uczuć: złości, winy, braku wartości, nieatrakcyjności, goryczy i niedowartościowania.

Metoda przebaczania i zaakceptowania odpowiedzialności za miniony okres i za sprawy, które się wydarzyły lub nie, jest wielką pomocą w takich sytuacjach. Zamiast oskarżać drugą osobę, zaakceptuj siebie jako kogoś odpowiedzialnego za wejście w tę relację i przebywanie w niej. Przypuszczalnie wiedziałeś już od pewnego czasu, że relacja nie ma przyszłości, a jednak kontynuowałeś ją, zamiast przerwać.

Potwierdzają to badania wielu tysięcy par, które szukały porady przed zawarciem związku małżeńskiego. Z badań wynika, że 38 procent osób wchodzących w związek małżeński prywatnie oświadczało psychologowi, że nie chcą tego małżeństwa. Czuli, że popełniają błąd. Pomimo to jednak wychodzili za mąż czy żenili się, a częstą przyczyną był nacisk przyjaciół i rodziny, którzy oczekiwali ślubu.

Postaraj się zadowolić przynajmniej jedną osobę

Oto bardzo ważna zasada: nigdy nie powstrzymuj się od zrobienia czegoś tylko dlatego, że martwisz się, co ***inni ludzie*** mogą o tobie pomyśleć. Później dowiesz się, zazwyczaj, że nikt w ogóle o tobie nie myślał. W rzeczy samej: gdybyś wiedział, jak mało inni ludzie myślą o tobie, czułbyś się prawdopodobnie urażony.

Nie możesz mieć nigdy pewności, że to, co robisz lub czego nie robisz, podoba się innym osobom. Ponieważ małżeństwa i relacje intymne są najbliższymi związkami, jakie ludzie mogą tworzyć, powinieneś mieć pewność, że w tym związku zadowalasz przynajmniej siebie. Bądź samolubny. Dbaj o swoje własne szczęście w pierwszej kolejności. Rób tylko to, co uważasz za właściwe dla ciebie. Nigdy nie pozwól, aby negatywne lub pozytywne opinie innych miały na ciebie wpływ.

Ludzie robią to, co potrafią najlepiej

Wielu ludzi zawiera nieudane małżeństwo, które kończy się rozwodem, a mimo to, nawet po dziesięciu czy dwudziestu latach, są z tego powodu niezadowoleni i źli. Nie mogą zaakceptować faktu, że małżeństwo, w które tak dużo zainwestowali, rozpadło się. Nie potrafią wybaczyć innej osobie rzeczy, które ta zrobiła lub nie zrobiła.

Ale podobnie jak to jest z rodzicielstwem, gdy ludzie pobierają się, próbują robić wszystko najlepiej, jak potrafią. Nikt nie zawiera związku z intencją prowokowania jego rozpadu. Przeciwnie: wchodzimy w niego z wielkimi nadziejami, marzeniami i aspiracjami. Jeśli później, z biegiem czasu, ludzie zmienią się i małżeństwo tego nie wytrzyma, to – mówiąc szczerze – nie ma tu winnych. Ludzie mają prawo się zmieniać.

Nikt nie jest winny

W filmie „Buntownik z wyboru" krytycznym punktem związku między pacjentem Willem Huntingiem a psychologiem Seanem Mauguire'em jest scena, gdy pacjent opowiada o traumatycznych przeżyciach swojej młodości, a psycholog odpowiada: „To nie twoja wina!".

Ta część filmu jest bardzo wzruszająca i odkrywcza. Will mówi: „Tak, wiem o tym". Ale Sean powtarza: „To nie twoja wina! To nie twoja wina! To nie twoja wina!". W końcu Will rozumie, co psycholog chce mu przekazać. Niezależnie od tego, co się wydarzyło w dzieciństwie i jak traumatyczne były te przeżycia, to nie była jego wina. Zrozumienie tego faktu pozwala w końcu uwolnić się od poczucia winy.

Nieudane małżeństwo też nie jest twoją winą ani nie jest winą drugiej osoby w tym związku. Dwie osoby, które kiedyś na tyle się zgadzały, że wzięły ślub, nie muszą cały czas trwać w stanie takiej zgodności. Brak zgody nie wynika z wyboru. Tak jak pogoda – po prostu się zdarza. Dwoje ludzi zaczyna mieć inne podejście do życia, zmienia się ich sposób myślenia, odczuwania, postrzegania życia i pracy, podejście do dzieci i ich miejsca w społeczeństwie. To zjawisko dotyczy milionów par każdego roku. Ludzie cały czas rozwijają się, zmieniają i albo mają nadal wspólne cele i marzenia w związku albo ich życie i marzenia rozchodzą się i każdy dąży do czegoś innego. Nie jest to jednak niczyja wina.

Uwolnij się

Jeśli nadal odczuwasz złość z powodu relacji lub małżeństwa, które się nie udało, musisz najpierw w swoim własnym umyśle uwolnić się od tego. Dopóki kurczowo trzymasz się nadziei, że można to w jakiś sposób naprawić, nie osiągniesz wolności. Dopóki będziesz nalegać na to, by druga osoba zaakceptowała opinię, że to ona ponosi winę za rozpad, nigdy nie osiągniesz spokoju. Nie uwolnisz się od przeszłości i nie osiągniesz szczęścia w życiu.

Gdy uwolnisz się już od związku w swoich myślach, usiądź i napisz list. To jedno z najbardziej pomocnych narzędzi, którymi można się posłużyć, aby uwolnić się i osiągnąć trwałe szczęście i spełnienie.

Możesz napisać ten list na papierze albo w formie e-maila. Zacznij, zwracając się do tej konkretnej osoby po imieniu. Początek listu może być taki: „Szkoda, że nasze małżeństwo się rozpadło. Jednak całkowicie akceptuję odpowiedzialność za moją rolę w tym małżeństwie i wszystko, co zrobiłem/zrobiłam, a co miało wpływ na jego rozpad".

W dalszym ciągu listu dodaj: „Przebaczam ci też wszystko, co zrobiłaś/zrobiłeś, powiedziałaś/powiedziałeś, a co sprawiło mi ból". W tym miejscu wiele osób ma tendencję do zrobienia szczegółowej listy zarzutów związanych z przeszłością, które wywołały ich złość lub ból. Jeśli uważasz za stosowne, możesz to zrobić, a potem zakończyć list prostymi słowami, na przykład w ten sposób: „Niech Bóg da ci wszystko co najlepsze, życzę ci tego samego", możesz też się posłużyć innym podobnym zwrotem.

Następnie zaklej kopertę, napisz na niej adres, przyklej znaczki i wrzuć do najbliższej skrzynki pocztowej lub wpisz adres e-mailowy i wciśnij przycisk „wysłać".

W chwili gdy twoja ręka wrzuci list do skrzynki albo naciśnie przycisk „wysłać", będziesz wiedział, że jest to nieodwracalne i poczujesz, jakby z ramion spadł ci ogromny ciężar. Uśmiechniesz się do siebie i odczujesz wewnętrzny spokój.

Wykonując to zadanie, miej świadomość, że napisanie takiego listu jest osobistym wyzwoleniem. Aby to osiągnąć, powinieneś zawrzeć w liście wszystkie swoje myśli i uczucia dotyczące tej relacji. Wysyłasz też ten list bez żadnych oczekiwań na odpowiedź. Wysyłasz, aby się uwolnić.

Nie martw się

W tym momencie wiele osób pyta zazwyczaj: „Ale co się stanie, jeśli druga osoba źle zrozumie ten list i będzie chciała ponownie nawiązać relację, powrócić do związku?".

Odpowiedź jest prosta. Nie martw się. Nie piszesz tego listu dla drugiej osoby. Piszesz go dla siebie. Nie jest twoim problemem to, czy ta osoba będzie szczęśliwa czy nieszczęśliwa, zła czy spokojna, zadowolona czy niezadowolona.

Bardzo często, gdy jedna osoba zbierze się na odwagę, zaakceptuje swoją odpowiedzialność i przebaczy drugiej wszystko, co się wydarzyło, u odbiorcy przesłania następuje wielka zmiana. Ona lub on pozbywa się uczucia wrogości i wszystkich negatywnych emocji dotyczących związku, które mogły pozostawać w pamięci. Wiele par mówiło mi, że po tym, jak jeden z partnerów napisał taki list, doszło między nimi do pojednania i zamienili się w przyjaciół, którzy mogli doskonale wypełniać role rodziców wspólnych dzieci.

Wszyscy inni ludzie

Trzecią grupą osób, której należy wybaczyć, są wszyscy inni ludzie, którzy zranili cię kiedykolwiek w jakikolwiek sposób. Przebacz rodzeństwu, które może było dla ciebie czasami niemiłe w okresie dorastania. Przebacz przyjaciołom, którzy zrobili ci coś nieprzyjemnego, a może nawet okrutnego. Przebacz byłym pracodawcom, którzy, być może, traktowali cię niesprawiedliwie. Przebacz kolegom w pracy i innym, którzy być może oszukiwali cię lub spowodowali niepotrzebne wydatki. Przebacz wszystkim, na których wciąż jesteś zły i których oskarżasz o cokolwiek.

Pamiętaj, że przebaczając im, robisz to dla siebie. Nie musisz nawet nikomu mówić, że przebaczyłeś. Po prostu możesz przebaczyć w swoim sercu.

Kiedykolwiek pomyślisz o którejś z tych osób, natychmiast odepchnij złe myśli i życz im dobrze. Nie dyskutuj z nikim na ich temat czy na temat sytuacji z nimi związanych. To tylko utrudnia proces leczenia. Po prostu usuń negatywne myśli ze swojego umysłu i zapomnij o tym. Z biegiem czasu będziesz myśleć o tych osobach czy sytuacjach coraz mniej, aż w końcu zupełnie zapomnisz o tym, co się wydarzyło.

Ty sam

Czwartą osobą, której musisz przebaczyć, jesteś ty sam. Teraz, gdy zebrałeś się na odwagę i miałeś siłę przebaczyć wszystkim, którzy cię zranili, musisz przebaczyć też sobie i uwolnić również siebie.

Wielu ludzi stoi w miejscu z powodu błędu, jaki popełnili w przeszłości. Może zrobili coś złego, bezmyślnego lub okrutnego, kiedy dorastali. Być może zranili kogoś w jakiejś wcześniejszej relacji. Może zrobili coś, co przyniosło dużo bólu i nieszczęścia komuś w pracy.

Jeśli dotyczy to ciebie, czujesz wyrzuty sumienia i żal. Czujesz się nieszczęśliwy i myśli z tym związane stanowią obciążenie dla twojej psychiki. Chciałbyś, żeby to, co się stało, nigdy się nie wydarzyło lub cofnąć coś, co kiedyś powiedziałeś. Czujesz się winny i przepełniają cię negatywne uczucia wobec siebie. To może powstrzymywać cię od działania, tak jak ciężary utrudniają powstanie. Możesz nawet uważać, że nie zasługujesz na dobre rzeczy w życiu i może to poważnie utrudniać osiągnięcie sukcesu.

Nie jesteś tą samą osobą

Osoba, jaką jesteś obecnie, nie jest tą samą osobą, która robiła i mówiła pewne rzeczy w przeszłości. Osoba, którą jesteś dzisiaj, jest mądrzejsza i ma więcej doświadczenia. Osoba, którą jesteś dzisiaj, nigdy nie zrobiłaby tego, co popełniła osoba, którą byłeś w przeszłości. Nie możesz karać osoby, którą jesteś obecnie, użalając się nad tym, co zrobiła osoba, którą byłeś dawno temu.

Żal i wyrzuty sumienia **nie** są oznakami odpowiedzialności i samoświadomości. W rzeczywistości są one słabościami, które cię powstrzymują. Zamiast ciągle rozpamiętywać minione historie, powiedz sobie: „Przebaczam sobie wszystko to, co zrobiłem, i uwalniam się. To było wtedy, a obecnie trwa teraz".

Jeśli kiedykolwiek pomyślisz o czymś, co zrobiłeś w przeszłości, i odczujesz w związku z tym niezadowolenie, przebacz sobie i uwolnij się.

Uwolnij się

Wielu ludzi czuje się dzisiaj źle i nieszczęśliwie z powodu czegoś, co wydarzyło się w przeszłości, wiele lat temu. Nie mogą tego zapomnieć. To mogło być na przykład nieszczęśliwe dzieciństwo albo nieudane małżeństwo. To mogła być zła praca albo jakaś zła inwestycja. Cokolwiek by to było, z powodu niezdolności do przebaczenia i uwolnienia się od tego nadal przebywają w pułapce i męczą się przez kolejne lata.

Jeżeli prowadziłeś zwyczajne życie, to na pewno popełniłeś wiele błędów. Jest to normalną częścią ludzkiej kondycji i wszyscy to przeżywamy. Jedyne pytanie, jakie trzeba zadać, to to: „Czy potrafisz wyzwolić się i przebaczyć sobie wcześniejsze błędy, czy też zamierzasz męczyć się nimi i pozwalać, by obciążały cię przez cały czas?".

Jedna wielka przeszkoda

Wielu ludzi zgadza się, że powinni przebaczyć wszystkim, którzy zranili ich w przeszłości. Ale jednocześnie – tak jak gracz w karty, trzymający je blisko siebie, aby nie pozwolić innym podglądać – tak i oni zostawiają sobie mały obszar, w którym ***nie zgadzają*** się na przebaczenie. Podejmują decyzję, że przebaczą wszystkim z wyjątkiem tej ***jednej osoby***, która ich tak zraniła, że nie potrafią wobec niej dokonać aktu przebaczenia i uwolnić się od przeszłości.

Ale trzymanie się tej jednej negatywnej emocji i odmowa przebaczenia właśnie tej jednej osobie lub zapomnienia o tym, co się wydarzyło w tym jednym momencie w przeszłości, wystarczy, aby podważyć i zniszczyć wszystkie twoje marzenia o zadowoleniu, szczęściu i osobistym spełnieniu.

Wyobraź sobie, że kupiłeś nowe luksusowe auto, pięknie wykonane, pełne precyzyjnych detali – jak to mówią full wypas. Jest jednak pewien problem. Podczas produkcji samochodu jakaś część została wykonana niewłaściwie i powoduje, że jedno przednie koło blokuje się i nie kręci, gdy naciskasz na gaz. Wyobraź sobie teraz, że wsiadasz do tego nowego auta, przekręcasz kluczyk i naciskasz pedał przyspieszenia. Co się dzieje? Z powodu tego przedniego koła auto zaczyna kręcić się wokół własnej osi. Tylne koła napędowe próbowałyby ruszyć, ale z powodu blokady jednego z przednich kół auto wciąż kręciłoby się w kółko, nie posuwając się dalej.

I to jest właśnie ważny moment. Nawet gdy masz tylko jeden nierozwiązany problem w umyśle, negatywne emocje i wspomnienia przeszłości powodują, że nie możesz przebaczyć i posunąć się w życiu dalej. Będziesz tylko chodził w kółko. Niezależnie od tego, jak ciężko pracujesz nad innymi sprawami, nie będziesz miał postępów i nie osiągniesz szczęścia w życiu rodzinnym, karierze zawodowej czy sytuacji finansowej. A im mniej postępów poczynisz, tym bardziej będziesz się czuł niezadowolony.

Pacjenci uczestniczący w psychoterapii mają zazwyczaj jedną najpoważniejszą blokadę, ukrytą w zakamarkach umysłu, która przejawia się uczuciem gniewu, depresji, podrażnienia, egoizmu, arogancji czy niepewności siebie. Cały proces leczenia polega na stopniowym rozsuwaniu warstw, które zakrywają to jedno miejsce, i dotarciu do czynnika, który jest przyczyną blokady. Gdy dotrze się do niego i rozwiąże problem, człowiek czuje się nagle uwolniony.

ZRÓB TO TERAZ!
Pomyśl o swojej przeszłości i postaraj się ustalić najgorsze wydarzenie, które przytrafiło ci się w życiu, a które nadal powoduje, że odczuwasz winę, gniew lub brak poczucia własnej wartości. Zapytaj siebie: „Jakie były wtedy okoliczności?". Jeśli mógłbyś cofnąć się i porozmawiać z tą osobą, którą byłeś w przeszłości, to jaką radę dałbyś sobie wtedy? Jakich lekcji – których inaczej byś nie otrzymał – nauczyłeś się w wyniku tego doświadczenia? Czy możesz znaleźć jakąś wartość w tych doświadczeniach z przeszłości?

Przeproś innych

Ostatni etap przebaczania wymaga ogromnej ***siły i pewności siebie***. Musisz przeprosić kogoś, kogo zraniłeś, i poprosić tę osobę o przebaczenie.

Ze względu na ogromną moc usprawiedliwiania, identyfikacji, oceniania, nadwrażliwości i racjonalizacji pomysł przeproszenia wszystkich osób może być bardzo stresujący. Jeśli jednak rzeczywiście zależy ci na tym, aby uwolnić się od czegoś, co zrobiłeś w przeszłości i co nadal leży ci na sercu, nie masz innego wyboru, niż zastosować przeprosiny.

Po prostu zrób to

Na szczęście proces nie jest aż tak skomplikowany. Możesz zadzwonić do tej osoby od razu i powiedzieć: „Cześć, tu mówi ...... i dzwonię do ciebie, aby ci powiedzieć, że jest mi przykro z powodu tego, co się stało. Mam nadzieję, że mi przebaczysz".

Nie ma w zasadzie znaczenia, jaka będzie reakcja drugiej osoby. Może wybuchnąć gniewem, może zacząć krzyczeć, może odłożyć słuchawkę. Ale niewykluczone, że odpowie: „Cieszę się, że dzwonisz. Przyjmuję twoje przeprosiny. Może spotkamy się niedługo na lunchu?".

Ludzie, którzy przez wiele lat nie mieli ze sobą kontaktu, potrafili nagle, po jednym takim telefonie, stać się ponownie dobrymi przyjaciółmi tylko dlatego, że jedno z nich miało odwagę i siłę charakteru, aby powiedzieć „przepraszam".

Najlepszym możliwym rozwiązaniem jest oczywiście spotkanie się z tą osobą, jeśli tylko jest to możliwe. Jeszcze inną metodą pozostaje wysłanie e-mailem lub zwykłą pocztą listu z przeprosinami.

Oprzyj się pokusie

Ważnym momentem w proszeniu o przebaczenie jest oparcie się pokusie, aby powiedzieć o swoim spojrzeniu na całą sprawę, pokusie bronienia się czy usprawiedliwiania swojego zachowania. Przyjmij na siebie odpowiedzialność za to, co się stało, powiedz po prostu „Przykro mi" i na tym poprzestań. Jeśli zaczniesz się usprawiedliwiać i tłumaczyć swoje zachowanie, zachodzi duże ryzyko, że „powrócicie na starą ścieżkę" i cały proces przebaczania zostanie zaprzepaszczony, a w rezultacie tego, nie uwolnisz się.

Na koniec, jeśli czujesz, że jest to bezwzględnie konieczne i właściwe, zaproponuj rekompensatę lub naprawienie zła w jakiś sposób. Bądź wspaniałomyślny. Pamiętaj: wszyscy popełniamy w życiu błędy, lecz nigdy nie jest się zbyt miłym i zbyt wspaniałomyślnym.

Twoja zdolność przebaczenia sobie i innym oraz odmowa żywienia urazy lub negatywnych uczuć wobec innych wprowadzi cię w świat aniołów. Przebaczenie wyzwoli cię, wyzwoli twoją energię i da ci nową osobowość. Spróbuj i przekonaj się.

ZRÓB TO TERAZ!

Wybierz jedną osobę z twojej przeszłości, do której nadal żywisz negatywne emocje. Wybierz najbardziej negatywne wspomnienia, jakie pamiętasz.

Użyj tej osoby i swoich uczuć złości i obwiniania jako testu. Od tego momentu przebaczaj tej osobie zawsze, gdy tylko o niej pomyślisz. Zaakceptuj, że w dużej części to ty jesteś odpowiedzialny za to, co się stało. Życz tej osobie jak najlepiej, aż twoja złość i negatywne myśli zamienią się w nicość i odpłyną.

Potem sporządź listę wszystkich osób, wobec których nadal odczuwasz jakąś złość. Po kolei przebacz każdej z nich, aż doświadczysz zupełnego spokoju i zrelaksowania.

Rozdział 12

SIEDEM KLUCZY DO OSIĄGNIĘCIA POZYTYWNEJ OSOBOWOŚCI

Codzienne pożywienie ma duży wpływ na stan twojego zdrowia i poziom energii. Jeśli jesz zdrowe, świeże, wysokiej jakości produkty i unikasz pożywienia, które ci nie służy, będziesz miał więcej energii, lepszą odporność na choroby, będziesz lepiej spał i czuł się zdrowszy i szczęśliwszy.

W ten sam sposób *strawa duchowa* decyduje w dużym stopniu o twoim charakterze, osobowości i o tym, co wydarza się w twoim życiu. Gdy karmisz umysł pozytywnymi pomysłami, informacjami, książkami, rozmowami, programami audio i myślami, rozwijasz pozytywną i lepiej działającą osobowość. Ponadto stajesz się człowiekiem bardziej wpływowym i przekonywającym, a do tego masz więcej pewności i wiary w siebie.

Pomóż ludziom, by osiągnęli większą motywację, prowadząc ich do źródła ich własnej siły.

Paul G. Thomas

Osoby pracujące z komputerem powiadają: „Śmieci na wejściu, to i śmieci na wyjściu". Ale również odwrotne powiedzenie jest prawdziwe: „Dobre dane na wejściu, to i dobre na wyjściu".

Gdy podejmiesz jasną, jednoznaczną decyzję, że przejmujesz całkowitą kontrolę nad swoim umysłem i eliminujesz negatywne emocje i myśli, które powstrzymywały cię w przeszłości, staniesz się osobą w pełni pozytywną i możesz tym postanowieniem wywołać wielką osobową transformację.

Bądź najlepszy

Sprawność umysłowa jest jak sprawność fizyczna. Osiągasz wysoki poziom wiary w siebie i pozytywne podejście do wszystkiego dzięki ćwiczeniom i praktyce. Oto siedem kluczy do tego, aby stać się osobą w pełni pozytywną.

1. *Pozytywne mówienie do siebie*: Mów do siebie w pozytywny sposób; kontroluj swój dialog wewnętrzny. Używaj zwrotów wzmacniających siebie: „Lubię siebie!", „Mogę to zrobić!", „Czuję się świetnie!", „Jestem odpowiedzialny!".
   Aż 95 procent twoich emocji wynika ze sposobu, w jaki mówisz do siebie w ciągu dnia. Niestety, jeżeli nie potrafisz świadomie mówić do siebie w sposób pozytywny i konstruktywny, automatycznie myślisz o rzeczach, które wywołują zmartwienie i powodują, że czujesz się nieszczęśliwy.
   Jak powiedzieliśmy wcześniej, twój umysł jest jak ogród. Jeśli nie zasadzisz tam świadomie kwiatów i nie będziesz się nimi opiekować, chwasty przejmą go w całości.

2. *Pozytywna wizualizacja*: Prawdopodobnie najpotężniejszą zdolnością, jaką posiadasz, jest zdolność do wyobrażenia sobie, czyli wizualizacji swoich celów tak, jak gdyby były już osiągnięte.
   Stwórz jasny, interesujący obraz własnych celów i swojego idealnego życia i staraj się go odtwarzać w głowie jak najczęściej. Poprawiając wyobrażenia, jakie masz w umyśle, poprawisz całe swoje życie. Tak, jak „widzisz siebie" od środka, taki będziesz na zewnątrz.

3. *Pozytywne kontakty*: Wybór ludzi, z którymi masz kontakt w pracy i na co dzień, wywiera ogromny wpływ na twoje emocje i sukcesy. Postanów sobie, że będziesz się spotykał z ludźmi, którzy wygrywają, z ludźmi pozytywnymi, z ludźmi, którzy są szczęśliwi, optymistyczni i mają w życiu konkretne cele.
   Za wszelką cenę unikaj „ludzi negatywnych" – są prawdziwym źródłem nieszczęść. Postanów sobie, że od dzisiaj nie będziesz się poddawał stresującemu i negatywnemu wpływowi takich osób.

4. *Pozytywna strawa mentalna*: Tak, jak twoje ciało jest zdrowe odpowiednio do stopnia, w jakim jesz zdrowe, pożywne jedzenie, tak twój umysł jest zdrowy tylko w takim stopniu, w jakim karmisz go „umysłowymi białkami", a nie „umysłowymi cukierkami".
   Czytaj książki, magazyny, artykuły, które mogą cię czegoś nauczyć, dać ci pomysły lub motywację. Napełniaj umysł informacjami i pomysłami, które mają charakter pozytywny i powodują, że czujesz się lepiej, jesteś szczęśliwszy, bardziej pewny siebie i swojej roli w świecie, który cię otacza.

Słuchaj pozytywnych, konstruktywnych programów audio w samochodzie czy na odtwarzaczu MP3 lub na iPodzie. Cały czas wprowadzaj do swojego umysłu pozytywne przesłania, które pomagają ci myśleć i działać lepiej i powodują, że będziesz bardziej kreatywny i kompetentny w pracy.
Oglądaj pozytywne i edukacyjne programy na DVD i w telewizji, kursy on-line i inne programy czy materiały, które poszerzą twoją wiedzę i spowodują, że będziesz czuć się dobrze i cieszyć się życiem.

5. *Pozytywne szkolenie i rozwój*: Prawie każdy człowiek w naszym społeczeństwie zaczyna z ograniczonymi zasobami, czasem zupełnie bez pieniędzy. W zasadzie wszystkie fortuny zaczynają się od sprzedaży jakiegoś rodzaju drobnych usług. Ci, którzy są dziś na górze drabiny społecznej, kiedyś byli na jej dole, a czasami spadali z niej kilka razy. Cud kształcenia się przez całe życie i doskonalenia osobistego jest tym, co przenosi człowieka ze sfery ubóstwa do sfery bogactwa, z biedy do dostatku i ze sfery niepowodzeń do sfery sukcesu i niezależności finansowej. Jak to powiedział Jim Rohan: „Formalna edukacja zapewni ci życie; samokształcenie zapewni ci fortunę".
Poświęcając się nauce i rozwojowi osobistemu, stajesz się lepszy, bardziej efektywny w myśleniu i działaniach, zyskujesz pełną kontrolę nad swoim życiem. Równocześnie znacznie wzrasta szybkość, z jaką poruszasz się w górę.

6. *Pozytywne nawyki zdrowotne*: Zadbaj o zdrowie fizyczne. Postanów już dzisiaj, że będziesz żył do wieku osiemdziesięciu, dziewięćdziesięciu a nawet stu lat i nadal będziesz mógł tańczyć.

Jedz zdrowe, dobrej jakości pożywienie, ale jedz je z umiarem i we właściwych proporcjach. Dobra dieta będzie miała pozytywny wpływ na twoje myśl i uczucia.
Rozpocznij regularne ćwiczenia fizyczne – wykonuj przynajmniej przez 200 minut tygodniowo takie ćwiczenia jak: spacerowanie, bieganie, pływanie, jeżdżenie na rowerze lub ćwiczenie na siłowni. Ćwicząc regularnie, poczujesz się od razu szczęśliwszy i zdrowszy; będziesz mniej zestresowany i zmęczony, niż osoba, która siedzi cały czas na kanapie i ogląda wieczorami telewizję.
I bardzo ważne: staraj się odpoczywać i relaksować we właściwy sposób. Musisz regularnie „doładowywać swoje baterie", szczególnie gdy przechodzisz przez trudności lub stresujące okresy. Vince Lombardi powiedział kiedyś: „Zmęczenie zamienia nas wszystkich w tchórzy".
Wiele czynników, które mogą nas skłaniać ku negatywnym emocjom, ma związek ze złymi nawykami zdrowotnymi, przemęczeniem, brakiem ruchu i nadmiarem pracy. Staraj się osiągnąć równowagę w swoim życiu.

7. *Pozytywne oczekiwania*: Posiadanie pozytywnych oczekiwań jest jedną z najważniejszych technik, jakie możesz zastosować, aby osiągać sukcesy w życiu.
Twoje oczekiwania staną się twoimi samospełniającymi się przepowiedniami. Czegokolwiek byś oczekiwał, masz większe szanse na spełnienie się tego, jeśli mocno w to wierzysz. Ponieważ możesz kontrolować swoje oczekiwania, powinieneś zawsze oczekiwać wszystkiego, co najlepsze. Oczekuj sukcesów. Oczekuj, że będziesz popularny wśród nowo poznanych ludzi, że osiągniesz wielkie cele i stworzysz dla siebie wspaniałe życie. Gdy oczekujesz rzeczy dobrych i wspaniałych, rzadko kiedy będziesz rozczarowany.

Zakończenie

DZIAŁANIE JEST WSZYSTKIM

Działanie jest wszystkim! Postanów, że od dzisiaj wprowadzisz te wszystkie pomysły w życie, postanów, że pocałujesz wszystkie swoje Żaby, aby zmierzyć się z nieprzyjemnymi sytuacjami i stać się całkowicie pozytywnym, szczęśliwym, zdrowym człowiekiem.

- Zidentyfikuj Żaby w swoim życiu: negatywnych ludzi, sytuacje i wspomnienia, które powodują, że utknąłeś w bagnie negatywnych emocji.
- Uświadom sobie i zaakceptuj fakt, że jesteś z gruntu osobą dobrą, z niesamowitym potencjałem, który umożliwia ci przeżycie doskonałego, niezwykłego życia.
- Postanów sobie, że od dzisiaj będziesz odważnie konfrontował się ze wszystkimi negatywnymi sytuacjami i pozbędziesz się ich raz na zawsze.

Zidentyfikuj czynniki, które wywołują negatywne emocje, szczególnie złość, i zacznij zmieniać sposób myślenia w każdej dziedzinie. Powtarzaj sobie wciąż: „Jestem odpowiedzialna!", „Jestem odpowiedzialny", aż słowa te staną się stałą częścią twojej osobowości.

Przestań krytykować, potępiać czy winić kogokolwiek za cokolwiek. Zamiast tego zaakceptuj całkowitą odpowiedzialność za to, kim jesteś lub kim kiedykolwiek byłeś.

Zaakceptuj siebie bezwarunkowo i buduj poczucie własnej wartości, każdego dnia powtarzając jak najczęściej: „Lubię siebie!".

Ustal dokładnie, czego chcesz od życia, i myśl o tym tak często, jak to możliwe. Zajmij się osiąganiem swoich celów tak intensywnie, żeby nie mieć w ogóle czasu na myślenie o Żabach, które mogłyby cię od tego odciągać.

Uwolnij się od poczucia winy, nie poddając się manipulacji stosowanej przez „Żabę obwiniającą", i nie używaj tego wobec innych.

W każdym problemie, w każdej trudności staraj się znaleźć coś dobrego. Zawsze znajdziesz jakąś korzystną drogę.

Szukaj cennej lekcji w każdym niepowodzeniu lub przeszkodzie i staraj się wyciągać naukę z każdego problemu, na jaki natrafiasz, czyli każdej Żaby, z którą masz do czynienia.

- Traktuj każdą osobę, którą spotkasz, tak, jakby była najważniejsza na świecie, tak, jakby była przystojnym Księciem lub piękną Księżniczką.

- Ćwicz zasadę siedmiu kluczy, stając się osobą prawdziwie pozytywną, i uwolnij cały swój potencjał, aby stać się tym, kim naprawdę możesz się stać.

Jesteś z gruntu dobrym człowiekiem, stworzonym do sukcesu i wielkości. Masz w sobie tyle talentu i zdolności, że wystarczyłoby na sto żyć. Nie istnieje nic, czego nie zdołasz osiągnąć, jeśli postanowisz sobie, że będziesz starać się o to wystarczająco długo i wystarczająco mocno, wkładając w to dużo pracy. I jeśli zechcesz pracować, aby to osiągnąć.

Pozbywając się swoich mentalnych zahamowań, przebacz każdemu, kto cię kiedykolwiek w jakikolwiek sposób zranił, i postanów sobie, że będziesz stawać się coraz doskonalszym człowiekiem, budując dobre relacje z innymi ludźmi w pracy i w życiu prywatnym, oraz że przejmiesz całkowitą odpowiedzialność za swój los. Zdecydowanie pomnażaj swoje umiejętności, kieruj się na autostradę życia prowadzącą do zdrowia, szczęścia, miłości, udanych relacji, maksymalnych osiągnięć i pełnego zadowolenia.